Kleines Wörterbuch der Natur-Philosophie

Der Naturwissenschaftler Dipl.-Math. Klaus-Dieter Sedlacek, Jahrgang 1948, lebt seit seiner Kindheit in Süddeutschland. Er studierte neben Mathematik und Informatik auch Physik. Nach dem Studienabschluss im Jahr 1975 und einigen Jahren Berufspraxis gründete er eine eigene Firma, die sich mit der Entwicklung von Anwendungssoftware beschäftigte. Diese führte er mehr als fünfundzwanzig Jahre lang. In seiner zweiten Lebenshälfte widmet er sich nun seinem privaten Forschungsvorhaben. Er hat sich die Aufgabe gestellt, die Physik von Information, Bedeutung und Bewusstsein näher zu erforschen und einem breiteren Publikum zugänglich zu machen. Im Jahr 2008 veröffentlichte er ein aufsehenerregendes Sachbuch mit dem Titel „Unsterbliches Bewusstsein – Raumzeit-Phänomene, Beweise und Visionen". Er ist der Herausgeber der Reihe „Wissenschaftliche Bibliothek".

Klaus-Dieter Sedlacek

Kleines Wörterbuch der Natur-Philosophie

1200 Begriffe, die man kennen sollte,
kurz und prägnant

Wissenschaftliche Bibliothek Bd. 12

Bibliographische Information Der Deutschen Bibliothek:
Die Deutsche Bibliothek verzeichnet diese Publikation in
der Deutschen Nationalbibliographie; detaillierte
bibliographische Daten sind im Internet über
http://dnb.ddb.de
abrufbar.

Originalausgabe
© 2016 Klaus-Dieter Sedlacek
Cover: Sedlacek
Internet: www.klaus-sedlacek.de

Herstellung und Verlag:
BoD – Books on Demand, Norderstedt
ISBN 978-3-7392-2257-8

Vorwort

„Ein neues Wörterbuch der Natur-Philosophie? Wozu soll das gut sein? Schließlich gibt es doch ein riesiges, umfangreiches Internetlexikon in aller Ausführlichkeit. Oder etwa nicht?"

So oder so ähnlich mag mancher denken, der von diesem kleinen Wörterbuch der Natur-Philosophie hört, sieht oder liest. Doch erfasst man vom Internetinhalt schnell genug den Kern der Sache, insbesondere wenn man nur mal kurz wissen möchte, was der eine oder andere Begriff bedeutet?

Mir jedenfalls geht es immer wieder so, dass ich über die teilweise sehr ausführlichen und hochwissenschaftlichen Internettexte eine ganze Weile brüten muss, bevor ich erkenne, was das Wesentliche ist. Das hat mich dazu bewogen, ein kleines Wörterbuch mit kurzem, prägnantem Inhalt zu schaffen. Das kann man immer neben sich liegen haben, wenn man einen philosophischen oder naturphilosophischen Text liest oder wenn man vielleicht selbst zum Philosophieren neigt. Mit seinen 1200 Begriffen, die man kennen sollte, wird es einem schnell, kurz und prägnant an den Kern der Sache heranführen. So kann man sich sofort wieder dem ursprünglichen Text widmen.

Außer eigenen Aufzeichnungen aus den Bereichen der Physik und Biologie habe ich umfangreiche mehrbändige Werke bekannter Philosophen benutzt, um bildlich gesprochen, die Rosinen herauszupicken. So ist nun dieses handliche kleine Wörterbuch entstanden, zu dessen Benutzung Folgendes angemerkt sei:

1. Kommt in einer Erklärung ein Fremdausdruck vor, so findet man diesen meistens als eigenes Stichwort

an seiner Stelle erklärt, auch wenn nicht extra durch (s. d.) darauf hingewiesen wird.

2. Findet man einen zusammengesetzten Ausdruck als solchen nicht, so findet man ihn im Regelfall unter einem seiner Teile.

3. Häufig wiederkehrende Abkürzungen und Bedeutungen sind:

arab. = arabisch	intr = intransitiv	s. u. = siehe unter
engl. = englisch	lt. = lateinisch	vgl. a. = vergleiche auch
frz. = französisch	s. = siehe	Kr. d. r. V. = Kritik der reinen Vernunft
Ggstz. = Gegensatz	s. a. = siehe auch	gr. = griechisch
s. d. = siehe dort		

Stuttgart, im Januar 2016

Klaus-Dieter Sedlacek

a posteriori s. a priori.

a priori oder apriorisch (lt. = vom früheren): von der Erfahrung unabhängig, vor aller Erfahrung, nicht aus der Erfahrung stammend, sondern diese erst ermöglichend, allgemeingültig. Ggstz.: a posteriori oder aposteriorisch (lt. = vom späteren): aus der Erfahrung stammend, empirisch. — Diesen Sinn haben die Ausdrücke durch Kant (1724—1804) erhalten. Bei den Philosophen des Mittelalters, den Scholastikern, hieß a priori eine Erkenntnis aus den Ursachen oder Gründen, a posteriori dagegen eine Erkenntnis aus den Wirkungen oder Folgen. Diese Auffassung geht auf Aristoteles (384—322) zurück. Seit Hume (1711—1776) nannte man die begriffliche Erkenntnis eine apriorische, die Erfahrungserkenntnis eine aposteriorische Erkenntnis. Das Kantische a priori ist nicht zeitlich aufzufassen, bedeutet also nichts der psychologischen Entstehung nach Früheres (, denn nach Kant bildet der Verstand die apriorischen Begriffe auf Anlass der Erfahrung), sondern ist logisch oder transzendental zu verstehen, d. h. auf die Bedingungen der Erfahrung gehend. - Erkenntnis a priori = Erkenntnis aus reiner Vernunft. Apriorische Begriffe sind reine Verstandesbegriffe, Kategorien; aposteriorische Begriffe = empirische Begriffe sind Erfahrungsbegriffe.

absolut (lt. *absolūtus*): uneingeschränkt, selbstständig, unabhängig, bedingungslos, grundlos, beziehungslos. Ggstz: relativ. Das Absolute ist daher bei Metaphysikern der Ausgangspunkt, der Erklärungsgrund ihrer Weltanschauung. So bezeichnet z. B. Fichte (1762—1814) als das A. das Ich, das durch seine Tätigkeit aus sich heraus alles erzeugt. Bei Schelling (1775—1854) ist die Identität des Idealen und Realen das A., Hegel (1770—1831) sieht in der sich entwickelnden logischen Idee das A.

abstrahieren (lt. *abstrahere*): Von etwas absehen. Das Abstrahieren = die Abstraktion ist das absichtliche Vernachlässigen der Nebensachen, des Besonderen, Zufälligen, Unwesentlichen zugunsten der Hauptsache, des Allgemeinen, Notwendigen, Wesentlichen. Sollen z. B. mehrere ähnliche Dinge (z. B. Bäume) unter einen Begriff (Baum) zusammengefasst werden, so nimmt man in den Begriff nur die allen Exemplaren gemeinsamen, daher wesentlichen Merkmale auf, vernachlässigt dagegen die zufälligen, individuellen Eigentümlichkeiten (die Art der Verästelung, Belaubung usw.). — Durch fortgesetzte A. wird ein Begriff allgemeiner, sein Inhalt kleiner, dafür sein Umfang größer; das Gegenteil tritt durch Determination ein.

abstrakt (lt. *abstractus*): aus dem Zusammenhang losgelöst und für sich betrachtet. So sind, abgesehen von den Individualbegriffen, bei allen Begriffen die wesentlichen Merkmale aus ihrem individuellen Zusammenhang bei den einzelnen Exemplaren losgelöst und im Begriff für sich zusammengefasst. Daher ist a. auch soviel wie begrifflich. Mit dem Individuellen schwindet auch die Anschaulichkeit. Man kann einen allgemeinen Begriff wohl denken, aber nicht anschaulich vorstellen. So kann man z. B. den Begriff „Mensch" denken, aber sich keinen „Menschen im Allgemeinen" anschaulich vorstellen, sondern immer nur einen bestimmten als Vertreter (Repräsentanten) der übrigen. Über den Ggstz. zwischen a. und konkret s. unter Begriff. S. a. Nominalismus.

absurd (lt. *absurdus*): ungereimt, sinnlos, widerspruchsvoll; ad absurdum führen heißt, eine Behauptung dadurch als falsch nachweisen, dass man zeigt, eine ihrer Folgerungen widerspreche einer Wahrheit.

Abulie (gr. *abulia*): krankhafter Zustand der Willenlosigkeit, der trotz wohlerhaltener Intelligenz und Einsicht in die Notwendigkeit des Handelns besteht.

Adaption, richtiger Adaptation (lt. *ad - apto*): 1. Anpassung eines Sinnesorgans an Reizstärken, z. B. des Auges an längere Zeit einwirkende Lichtstärken, grelle Farben, der Haut an längere Zeit einwirkende Temperaturen. Dabei stumpft die Empfindung ab. 2. Anpassung der Aufmerksamkeit an unerwartete Eindrücke.

Adaptive Mutation: Mechanismen, durch die Organismen als Antwort auf äußeren Selektionsdruck die Häufigkeit von Mutationen erhöhen können.

adäquat (lt. *adaequatus*): gleichkommend, angemessen, übereinstimmend, genau entsprechend, treffend, vollkommen genau. A. Vorstellungen sind bei Spinoza (1632—1677) und Locke (1632—1704) solche Vorstellungen, die ihren Gegenständen vollkommen entsprechen. A. Erkenntnis nennt Leibniz (1646—1716) die deutliche, in ihre Elemente zerlegbare Erkenntnis.

Adiaphora (gr. *adiáphora*): nicht ausgezeichnete, gleichgültige Dinge, Dinge zwischen Gut und Böse, ethisch wertlose Dinge; in diesem letzteren Sinne namentlich von den Stoikern gebraucht.

Affekt (lt. *affectus*): vorübergehende Gemütserregung. Sie wird durch Vorstellungen veranlasst und hat physiologische und psychische Begleiterscheinungen. Sthenische A.: belebende, stärkende A., so z. B. Freude, Begeisterung, Entzücken, Zorn; asthenische A.: lähmende, schwächende A., so z. B. Furcht,

Verzweiflung, Scham, Reue. Ähnlich den Stoikern erblickt Spinoza (1632—1677) in dem A. Gemütszustände, über die der Weise oder Tugendhafte durch richtige Erkenntnis Herr sein muss, um (bei den Stoikern) sich die Gemütsruhe zu bewahren oder (bei Spinoza) frei zu sein.

Affektion (lt. *affectio*): 1. Zustandsänderung, Erregung. Sinnes-Affektion ist die durch einen Reiz bewirkte Erregung der Sinnestätigkeit. 2. Beschaffenheit, Besonderung. In diesem Sinn nennt Spinoza (1632 bis 1677) die Modi A. der Substanz. 3. Zuneigung, Liebe. Affektionspreis = Liebhaberwert.

Affinität (lt. *affinitas*): Verwandtschaft.

affirmativ (lt. *af—firmo*): bejahend. Ggstz.: negativ. Ein a. Urteil ist ein bejahendes Urteil (S ist P).

affizieren (lt. *af—ficio*): in einen Zustand versetzen, auf etwas einwirken, erregen (nämlich unsere Sinne oder unser Gemüt).

Agens (lt. *agens*): das Tätige, Wirkende.

Agglutination (lt. *ag—glutino*) nennt Wundt (1832—1920) die unterste Stufe apperzeptiver Verbindung von Vorstellungen, wobei zwar eine neue Gesamtvorstellung entsteht, aber ihre Bestandteile selbstständige Vorstellungen bleiben. Beispiel: Heerführer (Heer - Führer).

Agnostizismus (gr. *a–gnoein*): Unerkennbarkeitsstandpunkt; die Ansicht, dass Metaphysik als Wissenschaft unmöglich ist, dass wir also über die letzten Gründe des Seins und Geschehens nichts wissen können. Vertreter dieser Ansicht heißen Agnostiker. Huxley (1825 bis 1895) nannte sich zuerst so, ihm folgten z. B. Ch. Darwin (1809 bis 1882), Spencer (1820—1903). Auch die Neukantianer und Positivisten sind der Metaphysik gegenüber Agnostiker.

Agrafie (gr. *ágrafos*): durch Gehirnerkrankung entstandene Unfähigkeit, Worte zu schreiben.

Akademie (gr. *akadémeia*): die von Plato (427—347) gestiftete wissenschaftliche Genossenschaft oder Schule genannt nach dem Hain des Heros Akademos, in dem Plato seine Vorträge hielt. In der Geschichte der Philosophie des Altertums werden unterschieden: 1. die ältere A., zu der Platos Schüler und deren Nachfolger zählten, z. B. Speusippos (um 395 bis 334), Xenokrates (396—314), Polemon (um 300 v. Chr.), Krates (2. Jahrh. v. Chr.); 2. die mittlere A. (skeptische Richtung) mit Arkesilaos (316—241) und Karneades (etwa 214—129) als Häuptern; 3. die jüngere A. (eklektische Richtung), vertreten z. B. durch Philon von Larissa († 80 v. Chr.) und Antiochus von Askalon (1. Jahrh. v. Chr.).

Akkommodation (lt. *accommodatio*): Anpassung, z. B. der Krümmung der Augenlinse an verschiedene Entfernungen, der Lebewesen an die Lebensbedingungen (z. B. an Klima, Umgebung, Ernährung usw.) usw.

Akosmismus (gr. *a kósmos*): Leugnung einer Welt von Einzeldingen. So verschwindet bei den Eleaten die Mannigfaltigkeit der Dinge im All-Einen. In Spinozas (1632—1677) Pantheismus geht die Welt in Gott auf. Auch Fichtes (1762—1814) Idealismus und Berkeleys (1685—1753) Spiritualismus vertreten den A.

akroamatisch (gr. *akroamatikos* von *akroáomai*) nennt man die Belehrung durch zusammenhängenden Vortrag, im Ggstz. zur erotematischen Lehrform; daher auch soviel, wie wissenschaftlich. Der Ausdruck geht auf Schriften des Aristoteles (384 bis 322) zurück.

Akt, psychischer (lt. *actus*): intentionales Erlebnis, intentionaler Bewusstseinsvorgang. S. intentional.

Aktion (lt. *actio*), s. Reaktion.

Aktivität (frz. *activité*): Tätigkeit, Wirksamkeit oder die Fähigkeit dazu. Ggstz.: Passivität.

Aktualität (frz. *actualité*): Wirksamkeit, Wirklichkeit infolge Tätigseins. Ggstz.: Potenzialität. Aktualitätstheorie 1. metaphysisch: die Lehre, dass die Wirklichkeit im Werden, im tätigen Geschehen, nicht im Ruhenden, Substanziellen liege. Vertreter dieser Ansicht sind z. B. Heraklit (um 536 bis 470), Plotin (205 —270), Fichte (1762—1814); 2. psychologisch: Die Lehre, dass das Wesen der Seele in ihrer Wirksamkeit zu suchen sei, nicht in einer Substanz (Substanzialitätstheorie). Vertreter dieser Ansicht ist z. B. Wundt (1832 —1920).

aktuell (frz. von lt. *actus, ago*): wirklich, gegenwärtig wirksam. Ggstz.: virtuell, potenziell.

Akustiker (gr. *akuō*) ist der, der ein akustisches Gedächtnis hat, d. h. dessen Gedächtnis sich vorwiegend auf Gehörvorstellungen stützt.

Akzidenz (lt. *accidens* von *ae—cido*): 1. das Zufällige, Wechselnde im Ggstz. zur Substanz, daher auch Eigenschaft, Zustand der Substanz; 2. das Unwesentliche im Ggstz. zur Essenz, auch soviel wie Modus im Ggstz. zu Attribut. Akzidentiell: zufällig, wechselnd, unselbstständig im Ggstz. zu substanziell; nebensächlich, unwesentlich im Ggstz. zu essenziell.

Alexandriner: in Alexandria lebende Philosophen wie Aristobulos (um 160 v. Chr.) und Philo (20 v. bis 45 n. Chr.), die jüdische Theologie mit griechischer Philosophie verbanden.

Alexandrismus, Alexandristen, s. Averroismus.

Alexie (Missbildung aus gr. *a– légō*): durch Gehirnerkrankung hervorgerufene Unfähigkeit, Schrift zu lesen.

Algorithmus (arab.): 1. Rechenvorschrift, Rechenkunst. Der Ausdruck stammt vom Namen eines arabischen Mathematikers; 2. der logische A. ist der Versuch, die logischen Operationen durch Zeichen und Rechenverfahren zu ersetzen, kurz der Versuch einer Algebra der Logik.

Allbeseelung = Panpsychismus (s.d.).

Allgemeinbegriff: Gattungs- und Artbegriff im Ggstz. zum Individual- oder Einzelbegriff.

Allgemeinvorstellung: typische Vorstellung, die als Beispiel eine Gruppe von Vorstellungen vertritt; daher nicht zu verwechseln mit Begriff.

alogisch (gr. *a—logos*): unvernünftig, vernunftlos. In der Metaphysik Schopenhauers (1788—1860) ist der Weltgrund der a. Wille, das blinde, vernunftlose Streben.

Alphastrahlung: Helium-4-Atomkerne, die ein radioaktiver Kern beim Zerfall ausstrahlt. Die ausgesandten Alphateilchen bestehen aus zwei Protonen und zwei Neutronen.

alternierendes Bewusstsein (lt. *alterno*) nennt man das Vorkommen wechselnder, verschiedener Seelenzustände in derselben Person, wobei in jedem Zustand die Erinnerung an den anderen fehlt. Für diesen Krankheitszustand hat man auch die unzweckmäßigen Ausdrücke: doppeltes Bewusstsein, Doppel-Ich.

Altruismus (lt. *alter*): auf das Wohl des Nächsten gerichtetes Denken und Handeln, Uneigennützigkeit. Ggstz.: Egoismus. Von Comte (1798 bis 1857) geprägter Ausdruck für sein Moralprinzip, das auch schon von den englischen Moralisten des 18. Jahrh., z. B. Cumberland (1632 bis 1718), Shaftesbury (1671—1713), Hutcheson (1694—1747), Hume (1711—1776), vertreten wurde.

Ambiguität (lt. *ambiguitas von amb — igo*): Zweideutigkeit.

Aminosäure: organische Verbindung mit mindestens einer Carboxygruppe (–COOH) und einer Aminogruppe (–NH2).

Amnesie (gr. *mnémē* Gedächtnis): krankhafte Gedächtnisschwäche, Aufhebung der Reproduzierbarkeit gewisser Vorstellungen.

Amöbe: Einzeller, der keine feste Körperform besitzt, sondern durch Ausbildung von Scheinfüßchen (Pseudopodien) seine Gestalt laufend ändert.

Amoralismus (lt. *a—moralis*) nennt Nietzsche (1844—1900) seinen die bisherige Moral verwerfenden Standpunkt.

Amphibolie (gr. *amphibolia*): Zweideutigkeit, Doppelsinn. A. der Reflexionsbegriffe ist der Vorwurf, den Kant (1724—1804) gegen Leibniz (1646 bis 1716) erhebt, da dieser Begriffe, die sich nur auf Verstandesobjekte beziehen, auf Erscheinungen angewendet habe.

Anabolismus: Biosynthese-Stoffwechsel.

Analogie (gr. *analogia, aná — logos*): Ähnlichkeit, Gleichheit der Verhältnisse. Ein Analogieschluss ist ein Schluss aus der bekannten Übereinstimmung in gewissen Verhältnissen auf weitere Übereinstimmung in noch anderen Verhältnissen.

Analogien der Erfahrung (s. Analogie) nennt Kant (1724—1804) Grundsätze oder Regeln, nach denen aus Wahrnehmungen Erfahrungserkenntnis entspringt. Ihr Prinzip ist: „Erfahrung ist nur durch die Vorstellung einer notwendigen Verknüpfung der Wahrnehmungen möglich." Die erste A. ist der Grundsatz der Beharrlichkeit der Substanz: „Bei allem Wechsel der Erscheinungen beharrt die Substanz und das Quantum derselben wird in der Natur weder vermehrt noch vermindert." „Die zweite A. ist der Grundsatz der Zeitfolge nach dem Gesetze der Kausalität: „Alle Veränderungen geschehen nach dem Gesetze der Verknüpfung der Ursache und Wirkung." Die dritte A. ist der Grundsatz des Zugleichseins nach dem Gesetz der Wechselwirkung oder Gemeinschaft: „Alle Substanzen, sofern sie im Raum zugleich wahrgenommen werden können, sind in durchgängiger Wechselwirkung".

Analyse (gr. *análysis*): Auflösung, Zerlegung, Zergliederung eines Zusammengesetzten in seine Bestandteile oder Elemente. Ggstz.: Synthese. So ist z. B. die Zerlegung eines Begriffs in seine Merkmale logische A., die Zerlegung einer Vorstellung in ihre Elemente (Empfindungen) psychologische A.

Analytik (gr. *analytiké*): Gedankenzerlegung. Die Hauptsache in den logischen Schriften des Aristoteles (384—322) sind die vier Bücher der A., die sich mit den Elementen des logischen Denkens befassen. Die transzendentale A. in Kants (1724 bis 1804) Kr. d. r. V. ist die Zergliederung unserer gesamten apriorischen Erkenntnis in die Elemente der reinen Verstandeserkenntnis, in die Verstandesbegriffe und -grundsätze, ohne welche keine Erkenntnis möglich ist.

analytisch (gr. *analytikos*): mittels Analyse, d. h. also auflösend, zerlegend, zergliedernd. Ggstz.: synthetisch. „Die Definition eines Begriffes durch Zerlegung in seine Merkmale heißt deshalb auch die a. Erklärung desselben; Ggstz.: synthetische Erklärung. Ein a. Urteil ist ein Urteil, dessen Prädikat vom Subjektsbegriff etwas aussagt, was (bereits) zum Inhalt des letzteren gehört, dessen Prädikat also etwas im Subjektsbegriff bereits Mitgedachtes nur besonders hervorhebt. Daher erweitern die a. Urteile unsere Erkenntnis nicht, sondern sind nur Erläuterungsurteile, Begriffserläuterungen; Ggstz.: synthetisches Urteil. S. a. Urteil. Die a. Methode (induktive oder regressive Methode) ist dasjenige Verfahren, das vom Besonderen zum Allgemeinen, von den Tatsachen zu den Gesetzen, vom Bedingten zu den Bedingungen führt; Ggstz.: synthetische, deduktive, progressive Methode.

Anamnese (gr. *anámnésis*): Erinnerung. Die philosophische Erkenntnis beruht nach Plato (427—347) auf A., d. h. auf Erinnerung der Seele an die in ihrem vorirdischen Dasein geschauten Ideen; die Wahrnehmung regt diese Erinnerung an. Die Annahme der A. ist also die Annahme angeborener Erkenntnis.

Anästhesie (gr. *an-aisthesis*) 1. allgemein: Unempfindlichkeit, Gefühllosigkeit, Stumpfsinn; 2. im engeren Sinne: Aufhebung der Erregbarkeit (irgendeines Sinnes) gegenüber Sinnesreizen. Sie kann bewirkt werden durch Ermüdung (Überreizung) der Sinnesorgane, durch innere physiologische Vorgänge, durch Nervenverletzung, durch Gemütskrankheit. Ggstz.: Hyperästhesie.

angeboren oder eingeboren ist im philosophischen Sinne der ursprüngliche, nicht erworbene Besitz der Seele oder des Geistes; Ggstz.: erworben. Während die einseitigen Rationalisten, z. B. Plato (427 bis 347), Descartes (1596—1650), Spinoza (1632—1677) gewisse Vorstellungen und Grundsätze für a. halten, erklären die Empiristen, besonders Locke (1632—1704) alle Vorstellungen für erworben. A. ist nicht zu verwechseln mit a priori.

Animismus (lt. *animus*): 1. naiver Glaube an das Walten seelischer Naturkräfte; 2. metaphysische Ansicht, dass die Seele das Lebensprinzip ist. Vgl. a. Hylozoismus, Monadologie, Vitalismus.

Anomalie (gr. *anomalos*): Abweichung von einer Regel, einem Gesetz.

anorganisch (gr. *an—organikós*): nicht organisch, leblos. Ggstz.: organisch.

Anschauung: das unmittelbare Bewusstwerden eines durch die Sinne gegebenen Gegenstandes, daher meist = Wahrnehmung. Kant (1724 bis 1804) stellt der A. gegenüber das Denken (die Begriffe), ferner unterscheidet er empirische A., die sich auf sinnliche Gegenstände bezieht, und reine A., die es nur mit den Anschauungsformen (Raum und Zeit) zu tun hat. Intellektuelle A. ist A. durch den Verstand (Vernunft), nicht durch die Sinne, also übersinnliche A., Schöpfung der Gegenstände durch den Verstand. So schon z. B. bei Plato (427—347), den Neuplatonikern, Mystikern, in der nachkantischen Philosophie bei Fichte (1762—1814), Hegel (1770 bis 1831), Schelling (1775—1854).

Anschauungsformen nennt Kant (1724—1804) der Sinnlichkeit eigentümliche Auffassungsweisen des empirisch Gegebenen; diese Formen sind Raum und Zeit.

Antagonismus (gr. *antagonistés*): Widerstreit, Gegensatz. Antagonist: Gegner; in der Physiologie: Gegenmuskel.

Antezedenz (lt. *antecedens*): das Vorhergehende — Konsequenz (lt. consequens von con — sequor): das Nachfolgende; so z. B. (logischer) Grund — Folge; (Realgrund) Ursache — Wirkung; im Urteil: Subjekt — Prädikat; im Schluss: Obersatz und Untersatz — Schlusssatz; im Beweis ist der Beweisgrund das A.

Anthropogenie (gr. *anthrōpos-geneá):* Entwicklungsgeschichte des Menschen und der Menschenarten.

Anthropologie (gr. *anthrōpos-logos*): Lehre vom Menschen aufgrund der Anatomie, Physiologie, Psychologie, Geschichte, Soziologie, Philosophie, Archäologie, Sprachwissenschaft.

anthropomorph (gr. *anthrōpos-morphé*): vermenschlicht, menschenähnlich. Anthropomorphismus: Vermenschlichung, Beurteilung nach menschlichen Verhältnissen. Gegen den A. der Gottesvorstellung war bereits der Eleate Xenophanes (um 570—480).

anthropozentrisch (*gr. anthrōpos kéntron*) ist die Weltanschauung, wenn in ihr der Mensch als Mittelpunkt, Ziel, Zweck der Welt gilt.

Antichthon (gr. *anti—chthon*): Gegenerde, so nannten die Pythagoreer einen um der heiligen 10-Zahl willen zu Erde, Mond, Sonne, fünf Planeten, Fixsternhimmel hinzugedichteten Weltkörper, der sich der Erde gegenüber um das Zentralfeuer bewegt.

antilogisch (gr. *anti—logos*): widersprechend, widerspruchsvoll, dem Logischen entgegengesetzt.

Antimaterie: A. ist Materie, deren Bausteine aus Antiteilchen zusammengesetzt sind. Z. B. ist das Antiteilchen des Elektrons das Positron. Wenn Materie und Antimaterie zusammentreffen, „zerstrahlen" beide in einer Annihilations-Reaktion. Die gesamte in den Teilchen steckende Energie tritt danach in anderer Form wieder auf.

Antinomie (gr. *antinomia*): Widerstreit zweier einander ausschließender Urteile, denen scheinbar gleiche Geltung zukommt. Die beiden widerstreitenden Urteile oder Sätze nennt Kant (1724—1804) Thesis und Antithesis. Er zeigt in seiner Kr. d. r. V., dass die Frage nach dem Wesen der Welt zu folgenden vier A. führt: 1. a. Thesis: „Die Welt hat einen Anfang in der Zeit und ist dem Raum nach auch in Grenzen eingeschlossen." b. Antithesis: „Die Welt hat keinen Anfang und keine Grenzen im Raum, sondern ist sowohl in Anbetracht der Zeit als des Raumes unendlich." 2. a. Thesis: „Eine jede zusammengesetzte Substanz in der Welt besteht aus einfachen Teilen, und es existiert überall nichts als das Einfache oder das, was aus diesem zusammengesetzt ist." b. Antithesis: „Kein zusammengesetztes Ding in der Welt besteht aus einfachen Teilen, und es existiert nichts Einfaches in derselben." 3. a. Thesis: „Die Kausalität nach Gesetzen der Natur ist nicht die einzige, aus welcher die Erscheinungen der Welt insgesamt abgeleitet werden können. Es ist noch eine Kausalität durch Freiheit zur Erklärung derselben anzunehmen notwendig." b. Antithesis: „Es ist keine Freiheit, sondern alles in der Welt geschieht lediglich nach Gesetzen der Natur." 4. a. Thesis: „Zu der Welt gehört etwas, das, entweder als ihr Teil, oder ihre Ursache, ein schlechthin notwendiges Wesen ist." b. Antithesis: „Es existiert überall kein schlechthin notwendiges Wesen, weder in der Welt, noch außer der Welt, als ihre Ursache." — Die Lösung dieser A. bringt Kant durch seine Unterscheidung von Erscheinung und Ding an sich und durch den richtigen Unendlichkeitsbegriff.

Antipsychologismus (gr. *anti* + Psychologismus): derjenige methodische Standpunkt, der die erkenntnistheoretischen Untersuchungen von jeder psychologischen Einmischung frei wissen will, da die psychologische Entstehung eines Begriffes oder einer Erkenntnis nichts über deren objektive Gültigkeit aussagt. Der A. setzt anstelle der psychologisch-genetischen Methode die durch Kant (1724—1804) begründete logisch-transzendentale Methode; daher nennt man ihn auch Transzendentalismus.

Antiteilchen: Zu jedem Elementarteilchen existiert eine zweite Form, die als Antiteilchen bezeichnet wird. Beispielsweise ist das Positron das Antiteilchen des Elektrons. Masse, Spin und Lebensdauer von einem Teilchen und dessen Antiteilchen sind identisch, ebenso die Art und Stärke der Interaktionen. Im Gegensatz dazu sind die elektrische Ladung, das magnetische Moment und alle ladungsartigen Quantenzahlen im Betrag gleich aber in der Ladung entgegengesetzt. Treffen ein Antiteilchen und ein Teilchen derselben Art zusammen, kommt es in den meisten Fällen zur Annihilation: Elektron und Positron zerstrahlen in zwei oder drei Photonen. Umgekehrt kann ein Photon in ein Elektron und ein Positron konvertiert werden. Dieser Vorgang wird als Paarung bezeichnet.

Antithesis (gr. *antithesis*): Gegensatz, Gegenbehauptung. Ggstz.: Thesis. S. a. Synthesis.

Antithetik (s. *antithesis*) nennt Kant (1724—1804) den Widerstreit scheinbar dogmatischer Erkenntnisse, von denen keine bevorzugt wird. In der transzendentalen A. (Kr. d. r. V.) untersucht er die Antinomien.

Antizipation (lt. *anticipatio*): Vorwegnahme. A. der Wahrnehmung nennt Kant (1724 bis 1804) alles, was sich an jeder Empfindung vorwegnehmen (antizipieren) lässt, d. h., was an ihr a priori zu erkennen ist; ihr Grundsatz lautet: „In allen Erscheinungen hat das Reale, was ein Gegenstand der Empfindung ist, intensive Größe, d. i. einen Grad."

apagogisch (gr. *apagōgé*) nennt man den indirekten Beweis, der eine Behauptung dadurch rechtfertigt, dass er die Falschheit ihres Gegenteils zeigt.

Apathie (gr. *apátheia*): Unempfindlichkeit, Mangel bestimmter Gefühlstöne. In der Ethik, besonders der Stoiker, ist A. als Freiheit von Leidenschaften und Gemütserregungen das Ziel des Weisen; einen ähnlichen Standpunkt vertritt auch Spinoza (1632 bis 1677).

Apeiron (gr. *á—peiron*): das Unendliche. So nannte der milesische Naturphilosoph Anaximander (etwa 610—547) den Weltstoff, aus dem durch Aussonderung die endlichen Dinge hervorgegangen sein sollen.

Aphasie (gr. *aphasia*): (durch Erkrankung gewisser Gehirnteile hervorgerufene) Unfähigkeit, eigene Gedanken sprachlich auszudrücken. Bei motorischer (ataktischer) A. kann der Kranke die Sprachbewegungen nicht ausführen, bei sensorischer (amnestischer) A. kann sich der Kranke nicht auf die nötigen Worte besinnen.

apodiktisch (gr. *apodeiktikos*): logisch begründet, beweisbar, notwendig, daher unumstößlich. A. Urteil heißt bei Kant (1724—1804) ein Urteil, das logische Notwendigkeit ausdrückt (S muss P sein).

Aporem (gr. *aporéō, á—poros*): Schwierigkeit. Aporetiker = Skeptiker. Aporie: logische Schwierigkeit, logischer Zweifel.

Apperzeption (lt. *ad perceptio*): das Innewerden, klare Auffassen eines Vorstellungsinhaltes, wodurch dieser Inhalt dem Ichzusammenhang eingeordnet wird (nach Wundt). Leibniz (1646 bis 1716) führte den Begriff der A. in die Psychologie der Erkenntnistheorie ein, indem er zwischen A., der Erhebung einer Vorstellung ins Bewusstsein, und Perzeption, dem unbewussten Haben einer Vorstellung, unterschied. Herbart (1776 bis 1841) bezeichnete mit A. die Aneignung einer neuen Vorstellung (der apperzipierten) durch Verbindung mit schon vorhandenen Vorstellungen (den apperzipierenden). Kant (1724—1804) unterschied empirische und reine oder transzendentale A. Jene ist die innere Wahrnehmung (innerer Sinn), diese bedeutet das reine, ursprüngliche, unwandelbare Selbstbewusstsein, dessen Einheit (Einheit der transz. A.) die Grundbedingung jedes Verstandesgebrauchs, der verknüpfenden Tätigkeit des Verstandes und damit der Erfahrungserkenntnis ist.

Apperzeptionspsychologie (Apperzeption + Psychologie), s. Psychologie

apperzipieren (lt. *ad percipio*): Einen Vorstellungsinhalt klar erfassen und damit dem Ich-Zusammenhang einordnen.

Apprehension (lt. *apprehensio*): Erfassung eines Vorstellungsinhaltes durch das Bewusstsein, Verständnis. Kant (1724 bis 1804) bezeichnet mit A. die Zusammenfassung der durch die Objekte bewirkten Eindrücke zu einer einheitlichen Anschauung; Bedingung der A. ist die Apperzeption.

Apraxie (gr. *apraxia*) 1. allgemein: Untätigkeit; 2. psychologisch: durch Gehirnerkrankung entstandene Störung des Gedächtnisses für den richtigen Gebrauch von Gegenständen, für Umgangsformen usw.

Apriorismus (lt. *a priori*) 1. erkenntnistheoretisch: die Annahme eines a priori. Wegen der Beziehung zum a priori wird der Rationalismus auch A. genannt; 2. ethisch: die Ansicht, dass die Moral in einem ursprünglichen, vor aller Erfahrung gegebenen Besitz des Menschen wurzele, dass dem Menschen das Vermögen sittlicher Beurteilung angeboren sei (Nativismus) und die Beurteilung intuitiv erfolge (Intuitionismus), dass wegen ihrer Allgemeingültigkeit die sittlichen Grundsätze angeboren sein müssten oder doch zu den apriorischen Bedingungen des sittlichen Verhaltens gehörten (A. im engeren Sinne). Zu den Vertretern dieser Richtungen gehören z. B. Descartes (1596 bis 1650), Spinoza (1632—1677), Leibniz (1646—1716), Kant (1724 bis 1804), Cudworth (1617—1688), die Schottische Schule, Fichte (1762 bis 1814), Schleiermacher (1768—1834).

Äquilibrismus (lt. *aequilibrium*): Gleichgewichtslehre, ethisch die mittelalterliche Lehre, nach der der Mensch nur dann Willensfreiheit habe, wenn er sich im aequilibrium indifferentiae (lt.) befinde, d. h., wenn zwei entgegengesetzte gleichwertige Bestimmungsgründe des Willens sich das Gleichgewicht halten.

Äquipollenz (lt. *aequus + polleo*): Gleichgeltung (im logischen Sinne). Das Wort ist von Apulejus (2. Jahrh. n. Chr.) gebildet, es bezeichnet in der Logik das von Galen (131 bis 200) zuerst hervorgehobene Verhältnis von Urteilen, die auf verschiedene Weise, in verschiedener Form dasselbe aussagen. Äquipollent sind z. B. die Urteile: „A oder B ist C" und: „Ist A nicht C, so ist BC". Äquipollente Begriffe sind gleiche Begriffe mit nur verschiedenen Namen.

Äquivalenz *(lt. aequus valeo)*: Gleichwertigkeit.

Arbeit, physikalisch: Energie, die mechanisch auf einen Körper übertragen wird.

Archaebakterien: Urbakterien, die neben den Bakterien (Bacteria) und den Eukaryonten (Eukaryota) eine der drei Domänen bildet, in die alle zellulären Lebewesen eingeteilt werden.

Archetyp (gr. *arché—typon*): Urbild, Original, Muster.

Archeus (gr. *archeios*) nennen Paracelsus (1493—1541) und van Helmont († 1644) das jedem Einzelwesen eigentümliche Lebensprinzip, eine Besonderung der allgemeinen Naturkraft.

Archigonie (gr. *arché goné*): Urzeugung.

Architektonik (gr. *archi—tektonikós*): Baukunst, in Kants (1724 bis 1804) Kr. d. r. V.: die Kunst, ein wissenschaftliches System aufzustellen.

Aretologie (gr. *areté logos*): Tugendlehre.

Argument (lt. *argumentum*): Beweis oder Beweisgrund. Argumentum ad hominem: dem Verständnis des Hörers angepasster, populärer, nicht strenger Beweis. Argumentum e consensu gentium: Beweis aufgrund einer allgemein verbreiteten Annahme. Argumentation: Beweisführung, Schlussfolgerung Argumentieren beweisen, schließen.

Argutien (lt. *argutiae*): Spitzfindigkeiten.

Aristotelismus heißt die Philosophie des Aristoteles (384—322) und seiner Anhänger. Sie ist besonders gekennzeichnet durch die Logik, hierin besonders die Lehre vom Schluss (Syllogistik), durch die Metaphysik mit den vier Grundprinzipien Stoff, Form, Ursache, Zweck, von denen die ersten beiden besonders wichtig sind, durch den ethischen Intellektualismus und Eudämonismus, durch die teleologische Naturauffassung, durch den ästhetischen Formalismus. Auch die mittelalterliche, besonders scholastische Bearbeitung der aristotelischen Philosophie wird A. genannt.

Art: 1. In der Biologie ist der Artbegriff der Inbegriff nächstverwandter Lebewesen; er ist die elementare systematische Einheit. Die nächsthöhere Einheit ist die Gattung. 2. In der Logik ist der Artbegriff der einem höheren Begriff (Gattungsbegriff) untergeordnete Begriff, der also anderseits für ihm untergeordnete Begriffe Gattungsbegriff ist.

artbildender Unterschied (differentia specifica) ist die nähere Bestimmtheit, die das als Einteilungsgrund dienende Merkmal des Gattungsbegriffes bei Bildung eines Artbegriffes erhält, und durch die dieser Artbegriff sich von den anderen ihm beigeordneten (koordinierten) Artbegriffen unterscheidet.

Aseität (vom lt. *a se* gebildet): das Durch-sich-selbst-sein = das durchaus selbstständige Sein. Hiermit bezeichneten vor allem die Scholastiker die vollkommene Unabhängigkeit Gottes.

Askese (gr. *áskēsis*): Bußübung, Selbstbeherrschung, Tugendübung,

Entsagung, Abtötung aller sinnlichen Triebe, um die Seele körperlich freizumachen und ihrer wahren Bestimmung zuzuführen. Auch der Pessimist Schopenhauer (1788—1860) sieht die Erlösung vom Elend des Lebens, das der Wille bejaht, in der A., der Abtötung des Selbst durch Wunschlosigkeit. Asketisch: der A. gemäß, entsagend, auch beschaulich.

asomatisch (gr. *a—sómatos*): unkörperlich.

assertorisch (lt. assertorius): behauptend. Ein a. Urteil ist ein einfach aussagendes Urteil, in dem von einem Subjekt etwas als wirklich ausgesagt wird; seine Form ist: S ist P, oder S ist nicht P.

Assimilation (lt. *as—similo*): Verähnlichung, Anpassung, Angleichung; insbesondere 1. biologisch: Einverleibung von Nährstoffen (direkt oder durch Verwandlung), 2. psychologisch (nach Wundt): eine den Vorgang der Verschmelzung ergänzende Form der simultanen Assoziation; sie besteht in der Veränderung gegebener psychischer Gebilde durch die Einwirkung von Elementen anderer Gebilde. Die A. spielt bei der Bildung intensiver und räumlicher Vorstellungen eine große Rolle. So beruht z. B. das schnelle Zurechtfinden Blinder auf A.

Assoziation (lt. *ad socio*): Vergesellschaftung, Zusammenschluss, Verbindung. Unter der A. von Vorstellungen versteht man in der Psychologie eine unwillkürliche Verbindung von Vorstellungen derart, dass eine gegebene Vorstellung ohne unser Zutun eine andere ins Bewusstsein zurückzurufen (zu reproduzieren) vermag. Infolge A. können auch Gefühle, Willensentschlüsse usw. reproduziert werden. Als Assoziationsgesetze (Gesetze der Vorstellungsreproduktion) gelten die Verbindungen durch Gleichzeitigkeit, Aufeinanderfolge, Ähnlichkeit und Gegensatz, oder einige von diesen. Wundt (1832—1920) hat den Begriff der A. dahin berichtigt, dass er simultane (durch Gleichzeitigkeit bedingte) A., die er Verschmelzungen, Assimilationen und Komplikationen nennt, und sukzessive (durch Aufeinanderfolge bedingte) A. unterscheidet. Wenngleich Aristoteles (384 bis 322) schon Verbindungsweisen der Vorstellungen andeutete, gelten doch als eigentliche Begründer der Lehre von den A. die englischen Philosophen Hartley (1704—1757) und Hume (1711—1776). Methoden zur Untersuchung der Festigkeit von A. s. Methoden.

Assoziationspsychologie (Assoziation + Psychologie) s. Psychologie.

Assoziationszentren (Assoziation + Zentrum) sind diejenigen Stellen der Großhirnrinde, deren Funktion die physiologische Grundlage für die (psychischen) Assoziationen ist.

Ästhesiometer (gr. *aisthēsis*): Vorrichtung zur Messung der Raumschwelle. Das Ästhesiometer wird auch zur Ermüdungsfeststellung benutzt.

Ästhetik (gr. *aisthētiké*): 1. der Wortbedeutung nach die Lehre von der sinnlichen Erkenntnis. In diesem Sinne von Kant (1724—1804) gebraucht. In seiner Kr. d. r. V. handelt die transzendentale von den apriorischen Prinzipien der Sinnlichkeit, von den Anschauungsformen Raum und Zeit. 2. Nach der von Baumgarten (1714—1762) herrührenden Bedeutungsänderung versteht man unter Ä. gewöhnlich die Wissenschaft vom Schönen und der Kunst Beiträge zur Ä. haben im Altertum schon Plato (427—347), Aristoteles (384 bis 322) und Plotin (205—270) gegeben. Kant hat seine Lehre vom Schönen in seiner Kritik der Urteilskraft vorgetragen. In der Ä. stehen sich verschiedene Richtungen gegenüber. Während die Gehaltsästhetik, vertreten z. B. durch Hegel (1770—1831), Schelling (1775 bis 1854), Schopenhauer (1788—1860), die Schönheit eines Objektes im Ideengehalt erblickt, beurteilt die Formästhetik, vertreten z. B. durch Zimmermann (1728—1795), Herbart (1776—1841), die Schönheit eines Objektes nach seiner Form. Einen Gegensatz der Methoden bezeichnen die Ausdrücke: spekulative und empirische Ä. Die Gehaltsästhetik ist zugleich spekulativ, indem sie von metaphysischen Gesichtspunkten ausgeht; die empirische Ä. dagegen geht von psychologischen, biologischen, soziologischen, physiologischen, kulturgeschichtlichen Gesichtspunkten aus. Die Ausdrücke: intellektualistische Ä. und Gefühlsästhetik bezeichnen Unterschiede in der Auffassung vom ästhetischen Genuss. Jene, vertreten z. B. durch Leibniz (1646—1716), Baumgarten (1714—1762), sieht in diesem Genuss eine Art Erkenntnis; diese, namentlich durch Home (1696—1782) vertreten, sieht im Genuss einen Vorgang im Gefühlsleben.

ästhetisch (s. Ästhetik): die Ästhetik (in beiderlei Sinn) betreffend gewöhnlich meint man: gefallend oder missfallend, und zwar nicht bloß in Bezug auf das Schöne, sondern auch auf das Anmutige, Erhabene, Komische, Tragische usw.; im engeren Sinne gleichbedeutend mit schön.

Astralgeister (gr. *ástron*): Sterngeister, an die man im Mittelalter glaubte. Astralleib bedeutet bei Paracelsus (1493—1541) einen unkörperlichen, nicht wahrnehmbaren Leib, der den irdischen Leib als belebende Kraft durchdringt.

Astrologie (gr. *astrologia*) hieß bei Griechen und Römern die Astronomie. Später bezeichnete man mit A. die Sterndeutung, d.i. die vermeintliche Kunst, das Schicksal eines Menschen aus dem Stand der Gestirne zu enthüllen.

Ataraxie (gr. *ataraxia*): Unerschütterlichkeit der Seele, Seelenruhe. Sie ist in der Ethik der alten Skeptiker und Epikureer das Ziel der Weisen.

Atavismus (lt. *atavus*): Rückschlag bei der Vererbung, Rückartung, Wiederauftauchen vorelterlicher Eigenschaften.

Atheismus (gr. *á—theos*): Gottlosigkeit, Leugnung einer göttlichen Weltordnung oder überhaupt die Leugnung des Daseins Gottes. Ggstz.: Theismus. Atheisten sind z. B. die französischen Materialisten Lamettrie (1709—1751) und Holbach (1723 bis 1789), dann Feuerbach (1804 bis 1872), Stirner (1806—1856), Büchner (1824—1899), auch Schopenhauer (1788—1860) und Nietzsche (1844—1900).

Ätiologie (gr. *aitia logos*): Lehre von den Ursachen und Wirkungen der Dinge.

Atom (gr. *á—tomos*): unteilbares, letztes Körperelement. In der griechischen Philosophie ist der Atomismus, d. h. die Lehre von der Zusammensetzung der Dinge aus A., begründet durch Leukipp (5. Jahrh. v. Chr.) und besonders Demokrit (etwa 460—370). Demokrits Lehre übernahm Epikur (341 bis 270), an den sich dann wieder Lukrez (98—55) anschloss. Den epikureischen Atomismus erneuerte Gassendi (1592—1655). — Der Atombegriff der modernen Naturwissenschaft ist ein Denkmittel zur Erklärung und Berechnung der chemisch-physikalischen Vorgänge. Ggstz. zum Atomismus sind Dynamismus, Kontinuitätslehre, Energetik, auch Monadologie.

Atomistik (s. Atom): Lehre von den Atomen.

Atomkern: der positiv geladene innere Teil eines Atoms, der fast die gesamte Masse des Atoms enthält.

ATP: Adenosintriphosphat, universeller und unmittelbar verfügbarer Energieträger in Zellen. Wichtiger Regulator energieliefernder Prozesse.

Attraktion (lt. *at—traho*): Anziehung, Anziehungskraft.

Attribut (lt. *attributum*): wesentliche, bleibende Eigenschaft, Grundeigenschaft. Ggstz.: Modus, Akzidenz. Bei Descartes (1596—1650) ist die Ausdehnung das A. des Körpers, das Denken das des Geistes. Spinoza (1632—1677) bezeichnet mit A. das, was der Verstand an der Substanz als deren Wesen erfasst. Von der unendlichen Anzahl von A. der einen unendlichen Substanz sind der menschlichen Erkenntnis nur zwei zugänglich: Ausdehnung und Denken.

Aufgusstierchen: Als A. bezeichnet man kleine, sich z. B. im Aufguss von pflanzlichem Material entwickelnde Tierchen (z. B. Wimpertierchen).

Aufklärung: Verbreitung klarer, vorurteilsfreier Vorstellungen in allen

Fragen des Denkens und Lebens durch gemeinverständliche wissenschaftliche Darstellungen. Das 18. Jahrh. ist das Jahrhundert der A., doch begann sie bereits in England mit Lockes (1632—1704) und Newtons (1642—1727) Wirken. Andere englische Aufklärer sind z. B. Toland (1670—1722), Tindal (1656-1733), Shaftesbury (1671—1713); in Hume (1711—1776) fand die A. in England ihren Abschluss Von England gelangte sie nach Frankreich, wo sie von Bayle (1647—1705), Voltaire (1694—1778), Montesquieu (1689 bis 1755), d'Alembert (1713—1783), Diderot (1713—1784) vertreten wurde. Von hier, doch auch direkt von England her kam sie nach Deutschland, wo sie z. B. durch Thomasius (1655—1728), Wolff (1679—1754), Meter (1718—1757), Lessing (1729 bis 1781), Mendelssohn (1729 bis 1786), Reimarus (1694—1768), Garve (1742—1798), Sulzer (1720 bis 1779), Feder (1740—1821) u. a. vertreten wurde und 1781 durch Kants Kr. d. r. V. einer neuen Zeit weichen musste.

Aufmerksamkeit nennt man die besondere Hinwendung des Bewusstseins auf einen bestimmten Vorstellungsinhalt oder Eindruck, wodurch dieser klarer und deutlicher aufgefasst wird. Die A. ist eine unwillkürliche (passive), wenn sie durch einen äußeren Anlass herbeigeführt wird; sie ist eine willkürliche (aktive), wenn sie aus Interesse (Erwartung oder Pflicht) entspringt. A. hat Apperzeption zur Folge.

Ausdrucksbewegungen: beim Vorhandensein von Stimmungen oder Gemütserregungen (meist) unwillkürlich auftretende körperliche Bewegungen.

ausgeschlossenen Dritten, Satz des (principium exclusi tertii) s. Denkgesetze.

Auslösung ist ein Vorgang, bei dem eine geringe Energiemenge eine an Größe ihr weit überlegene Menge ruhender (potenzieller) Energie in tätige (aktuelle) Energie überführt.

Außenwelt: Inbegriff aller in Raum und Zeit vorgefundenen, vom Ich (Bewusstsein) verschiedenen und unabhängigen Dinge. Ggstz.: Innenwelt. Der Begriff der A. wird vom Realismus, vom Idealismus und vom Phänomenalismus verschieden bestimmt. Der naive Realismus hält die Wahrnehmungen für die Außendinge selbst, der kritische Realismus unterscheidet beide und hält die Außendinge für erkennbar. Der Idealismus, wie ihn namentlich Berkeley (1685—1753) vertritt, erkennt keine für sich bestehende A. an, nach ihm gibt es nur eine Bewusstseinswirklichkeit, ein Sein im Vorgestelltwerden. Der Phänomenalismus, den Kant (1724—1804) vertritt, sieht in den Gegenständen der Erfahrung Erscheinungen, denen die unerkennbaren Dinge an sich zugrunde liegen.

Autarkie (gr. *autárkeia*): Selbstgenügsamkeit. Sie ist nach der Lehre der Kyniker und Stoiker für den Weisen der Weg zur Glückseligkeit.

Autohypnose (gr. *autós* + Hypnose): Hypnose (s. d.), die man an sich selbst durch Autosuggestion (s. d.) hervorruft.

Automat (gr. *autó—matos*): von selbst geschehend, zufällig. Nach Descartes (1596 bis 1650) haben die Tiere keine Seele, deshalb nennt er sie A., also gewissermaßen Maschinen. Automatische Bewegungen sind unwillkürliche und ohne Bewusstsein verlaufende Bewegungen, die durch unmittelbare Erregung eines Nervenzentrums selbst entstehen.

autonom (gr. *autó—nomos*): selbstständig, sich selbst Gesetze gebend. Ggstz.: heteronom. A. Moralsysteme sind solche Moralsysteme, die den Ursprung sittlicher Verpflichtung im handelnden Individuum annehmen. Dieser Standpunkt wird von den meisten Moralphilosophen vertreten; Ggstz.: heteronome oder autoritative Moralsysteme.

Autonomie (gr. *autonomia*): politische Unabhängigkeit, Selbstständigkeit, Selbstgesetzgebung, Selbstbestimmung Kant (1724 bis 1804) sieht in der A. des Willens den alleinigen Grund aller Moralgesetze; sie ist die Würde des Menschen.

Autophagozytose: Prozess in Zellen, mit dem diese eigene Bestandteile abbauen und verwerten von fehlgefalteten Proteinen bis zu ganzen Zellorganellen.

autoritativ (lt. *autoritas*): auf Ansehen gegründet, maßgebend. A. Moralsysteme s. heteronom.

Autosuggestion (gr. *autós* + Suggestion) s. Suggestion.

Autotrophie: Unter A. wird die Fähigkeit von Lebewesen verstanden, ihre Baustoffe ausschließlich aus anorganischen Stoffen aufzubauen. Dieser Stoffaufbau erfordert Energie.

Averroismus heißt die Auslegung der aristotelischen Philosophie im Sinne des Averroes (1126—1198). Averroes fasste Aristoteles pantheistisch auf. Dessen Lehre vom untätigen und tätigen Teil der Seele deutete er so, dass es eine individuelle Unsterblichkeit nicht gäbe, dass aber der allen Menschen gemeinsame tätige, vernünftige Teil der Seele unsterblich sei. Der A. herrschte vom 14. bis zum 17. Jahrh. an der Universität Padua; seine Hauptvertreter, Averroisten genannt, waren Achillini (1463—1518) und Nifo (1473—1546). Dem A. trat entgegen der Alexandrismus, d.i. die Auslegung des Aristoteles im Sinne des Alexander von Aphrodisias (um 200 n. Chr.). Alexander fasste Aristoteles naturalistisch auf und lehrte, dass die Seele, auch ihr vernünftiger Teil, sterblich sei. Unter den Vertretern des Alexandrismus, Alexandristen genannt, war der hervorragendste Pietro Pomponazzi (1462—1530).

Axiologie (gr. *áxios lógos*) = Timologie: Werttheorie, Lehre von den Werten.

Axiom (gr. *axiōma*): Grundsatz, unmittelbar einleuchtender Satz, der einen Beweis weder nötig hat noch zulässt, selbst aber Beweisgrund anderer Sätze ist. Die Feststellung der A. ist die Grundlage aller Wissenschaft. In der Logik gelten als A. z. B. der Satz der Identität, der Satz des Widerspruchs, der Satz des ausgeschlossenen Dritten. Die logischen A. heißen auch Prinzipien, sie haben Denknotwendigkeit, während die A. im engeren Sinne, wie sie Kant (1724—1804) auffasst, anschauliche Gewissheit haben. A. dieser Art sind die Grundlage der Mathematik und Physik. Das Prinzip der A. der Anschauung lautet bei Kant: „Alle Anschauungen sind extensive Größen".

Axon: schlauchartiger Nervenzellfortsatz, der in einer Hülle von Gliazellen verläuft und zusammen mit dieser als Nervenfaser bezeichnet wird.

Bedeutung = Relation (s. d.).

Bedingung (lt. *conditio*) ist das, wodurch etwas anderes (das Bedingte) möglich ist. Die B. und das Bedingte sind Korrelate. Mit der B. ist das Bedingte gesetzt, aus dem Nichtbestehen des Bedingten folgt das Nichtbestehen der B.; aber im Allgemeinen nicht umgekehrt. Die logische B. = Grund, das logisch Bedingte = Folge; die reale B. = Ursache, das real Bedingte = Wirkung.

Begriff: Zusammenfassung aller wesentlichen Merkmale einer Mannigfaltigkeit zu einer Denkeinheit. Die Begriffsbildung beruht daher auf einer Analyse Feststellung der Merkmale) und einer Synthese (Zusammenfassung der gemeinsamen Merkmale). An jedem B. unterscheidet man Inhalt und Umfang. Jener ist die Summe seiner Merkmale, dieser die Summe seiner Objekte, auf die er Anwendung findet. Je größer (kleiner) der Inhalt, desto kleiner (größer) der Umfang eines B. Individualbegriffe unterscheiden sich von Allgemeinbegriffen dadurch, dass sie sich nur auf ein Objekt, ein Individuum beziehen. Ein B. ist klar, wenn er von allen anderen B. unterschieden werden kann; er ist deutlich, wenn außerdem seine Merkmale bekannt sind. Die grammatische Unterscheidung abstrakter und konkreter B. besagt, dass jene sich auf Unanschauliches, diese sich auf Anschauliches beziehen. In der Geschichte der Philosophie spielt die Wertung der B. für die Erkenntnis eine große Rolle. Nicht durch die Sinne, sondern in den B. erfassen wir das Wesen der Dinge, das wahre Sein, so dachten die Eleaten, ähnlich schon Heraklit (um 500 v. Chr.). Auch

Demokrit (etwa 460—370) vertrat diese Ansicht, besonders aber Plato (427—347), der das wahre, unwandelbare Wesen der Dinge, ihre Idee, im B. erkannte. Im Mittelalter entbrannte ein Streit, der sog. Universalienstreit, darüber, ob die Allgemeinbegriffe, Gattungsbegriffe (Universalien) eine wirkliche Existenz hätten oder ob sie nur Worte seien. Jene Ansicht vertrat in Übereinstimmung mit Plato der Realismus (Begriffsrealismus), diese der Nominalismus.

Beiordnung = Koordination (s. d.).

Bellsche Ungleichungen: B. sind geeignete Kriterien zur Entscheidung der Gültigkeit grundlegender Annahmen der Quantenmechanik. B. stellen eine Schranke für Messwerte einer physikalischen Theorie auf, die im Mittel nicht überschritten werden darf, wenn die Messwerte nicht unvorhersehbaren jenseitigen (nichtlokalen) Einflüssen unterliegen. Die Messwerte verschränkter Photonenpaare verletzen jedoch die Bellschen Ungleichungen (d. h. die Messwerte überschreiten die Schranke). Das bedeutet: Verschränkte Photonenpaare unterliegen (jenseitigen) Entscheidungen, die nicht mit Mitteln der klassischen Physik beschrieben werden können. Die Ungleichungen zeigen deshalb, dass aus der Quantenmechanik deren Nichtlokalität folgt.

Bereitschaft: Zustand leichterer Reproduzierbarkeit (Möglichkeit des Wiederauftretens) einer Vorstellung.

Betateilchen: gewöhnliche Elektronen, die beim radioaktiven Zerfall entstehen. Die Strahlung aus Betateilchen heißt Betastrahlung.

Bewegung ist die Änderung des Ortes mit der Zeit. (Sie steht im Gegensatz zur Ruhe, d. h. der Beibehaltung des Ortes mit der Zeit. Die Ruhe ist der einfachste Fall der Bewegung, nämlich der mit der Geschwindigkeit null. Der nächst einfache Fall ist der der gleichförmigen Bewegung, bei der die Geschwindigkeit konstant ist. Alle andern Bewegungen sind ungleichförmig oder veränderlich; der einfachste Fall ist die gleichförmig, beschleunigte oder gleichförmig verzögerte Bewegung, bei der die Beschleunigung konstant (positiv oder negativ) ist. Ferner ist zu unterscheiden zwischen geradliniger, krummliniger, aber ebener und krummlinig-räumlicher Bewegung. Die allgemeinste unendlich kleine Bewegung eines Punktes ist eine Schraubenbewegung. Sodann ist der Fall von besonderer Wichtigkeit, wo im Laufe der Bewegung dieselben Orte in regelmäßigen Intervallen immer wieder berührt werden; periodische Bewegung, insbesondere Schwingungen oder Oszillationen einerseits, Drehungen oder Rotationen andrerseits. Aus der Schwingungsbewegung geht durch

Fortpflanzung die Wellenbewegung hervor. Endlich ist zwischen freier Bewegung und Bewegung unter Zwang oder zwangläufiger Bewegung zu unterscheiden, bei der bestimmte Beschränkungen auferlegt sind, z. B.: auf einer Fläche oder sogar auf einer Kurve zu bleiben oder von einem festen Punkt sich nicht über ein bestimmtes Maß zu entfernen (einseitiger Zwang) usw. Man unterscheidet in dieser Hinsicht Bewegungen mit einem, zwei oder drei (bei ganzen Systemen auch noch mit mehr) Freiheitsgraden. — Geht man zu einem Körper über, so ist zu unterscheiden zwischen starrem und elastischem Körper. Ersterer kann nur zwei elementare Bewegungen ausführen: Verschiebung oder Translation und Drehung oder Rotation; beide zusammen ergeben die allgemeinste Bewegung des starren Körpers. Der starre Körper besitzt also sechs Freiheitsgrade (Verschiebung in den drei Koordinatenrichtungen und Drehungen um die drei Achsen). Der elastische Körper kann außerdem noch Kontraktion bzw. Dilatation und Deformation, erfahren. Bei Flüssigkeiten und Gasen endlich, aber auch vielfach bei andern Systemen, ist ein wichtiger Spezialfall die stationäre Bewegung, bei der die Bewegung in jedem Raumpunkt zeitlich immer dieselbe bleibt, wenn sie auch von andern materiellen Trägern übernommen wird; diese stationäre Bewegung steht in der Mitte zwischen der Ruhe und der veränderlichen Bewegung und hat mit jeder von beiden mancherlei gemeinsam.

Bewegungsbild (Bewegungsvorstellung): Erinnerungsbild einer Bewegung, das bei genügender Stärke den Eintritt der assoziierten Bewegung hervorzurufen vermag.

Bewegungsempfindungen oder kinästhetische Empfindungen sind Empfindungen, die durch Erregung der in den Gelenken, Muskeln, Sehnen endenden sensorischen Nerven ausgelöst werden; sie geben uns Auskunft über Lage und Bewegung unserer Glieder, über die Spannung unserer Muskeln und deren Ermüdung.

Beweis: Begründung eines Satzes durch seine Folgerung aus Urteilen von anerkannter Wahrheit. Diese Urteile sind die Beweisgründe. Ein B. heißt direkt, wenn er die Wahrheit des zu beweisenden Satzes unmittelbar ergibt, andernfalls heißt er indirekt oder apagogisch. Die Beweiskraft hängt von der Sicherheit der Beweisgründe ab. Häufige Beweisfehler sind z. B. die Benutzung eines unbewiesenen Satzes als Beweisgrund (petitio principii), Benutzung eines Beweisgrundes, der den zu beweisenden Satz selbst als Beweisgrund fordert (Zirkel im B.: circulus vitiosus), Abweichung vom Ziel (Vertauschung der Thesis).

Bewusstsein 1. philosophisch: B. ist zunächst ein Ausdruck für die nicht weiter erklärbare

Tatsache, dass wir psychische Erlebnisse (Empfindungen, Vorstellungen, Gefühle, Strebungen) haben (empirisches B.). B. ist somit das Kennzeichen aller psychischen Vorgänge; im engeren Sinne ist es die allgemeine Verbindung (Synthese) der psychischen Erlebnisse. Dadurch, dass der Mensch sich als erlebendes Subjekt von seinen Erlebnissen unterscheidet, entsteht das Selbstbewusstsein. In diesem Akt äußert sich das B. zugleich als zusammenhängende Einheit, als gleichbleibendes Ich gegenüber den wechselnden Erlebnissen. Diese Einheit des B. ist die Grundbedingung für alle Erkenntnis. Bei Kant (1724—1804) ist empirisches B. = innere Wahrnehmung (innerer Sinn), transzendentales B. = transzendentale Apperzeption (s. d.) = erkenntnistheoretisches Subjekt (als synthetische Einheit). 2. naturwissenschaftlich: B. ist ein informationsverarbeitender Prozess, in dem bei neuen Anforderungen oder geänderten äußeren Umständen nicht determinierte Entscheidungen zwischen Handlungsalternativen getroffen werden, die zu zielgerichtetem Verhalten führen, um Bedürfnisse zu befriedigen. – Ein Bedürfnis ist die Neigung ein Ziel zu verfolgen. – Selbstbewusstsein ist eine höhere Bewusstseinsform, die bei Menschen und einigen höher entwickelten Tieren vorgefunden wird. – Primärbewusstsein ist bei Lebewesen ein informationsverarbeitender Prozess unterhalb der Stufe des Selbstbewusstseins, bei dem die Kriterien für Bewusstsein erfüllt sind. Unter anderem zählt das Unterbewusstsein zum Primärbewusstsein. – Elementarbewusstsein ist eine elementare Bewusstseinsform, welche die Kriterien für Bewusstsein erfüllt und die bei Quanten, Elementarteilchen oder „toter" Materie vorgefunden werden kann.

Biogenetisches Grundgesetz (gr. *bios* + genetisch) besagt, dass die Entwicklung des Individuums (Ontogenese) eine abgekürzte und eigenartige Wiederholung der Stammes- oder Gattungsentwicklung (Phylogenese) ist. Dies von Haeckel (1834—1919) aufgestellte Gesetz ist vor ihm schon z. B. von Oken (1779—1851) angedeutet.

Biologie (gr. *bios lógos*) 1. allgemein: Wissenschaft vom Leben, von den Lebewesen; 2. im Besonderen: Lehre von den Beziehungen der Lebewesen zur Außenwelt; sie fragt nach dem Nutzen der Lebenseinrichtungen und -vorgänge für das Bestehen der Lebewesen. In dieser besonderen Bedeutung ist B. gleichbedeutend mit Ökologie (gr. *oikos lógos*).

biologische Regulation: Steuerung biologischer Aktivitäten; Regulationsmechanismen bzw. Regelkreise innerhalb eines Organismus. Der Regelkreis stellt ein universelles

Prinzip dar und kommt immer dann vor, wenn ein Ziel (Normalwert) oder ein Gleichgewicht angestrebt wird, das sich aufgrund von Störeinflüssen oder infolge labiler bzw. indifferenter Gleichgewichtssysteme nicht von alleine einstellt. Ein biologisches System bleibt nur deswegen intakt, weil vorhandene Regelkreise lebensgefährlichen Störeinflüssen entgegenwirken. Zum Beispiel erreicht eine mit Geißeln ausgestattete Mikrobe höchstens zufällig den Ort der Futtersubstanz, würde seine Fortbewegung trotz aller Störeinflüsse nicht durch einen Regelkreis immer wieder zum Zielort ausgerichtet. Ein Regelkreis benötigt mindestens drei Komponenten, um zu funktionieren. Einmal den Regler selbst, der durch Steuerungsinformationen in Form elektrischer oder biochemischer Signale oder durch Licht und Quantenverschränkung (s. d.) Sorge dafür trägt, Zielwerte korrekt anzusteuern. Zielwerte sind entweder abgegriffene Normalwerte eines biologischen Systems oder auch Metazielwerte (s. Meta-Ziel) des Zellverbandes, dem eine Zelle angehört. Eine zweite, wichtige Komponente eines Regelkreises schließt die Gruppe der Effektoren ein, die den Zustand eines Systems ändern kann. In Zellen und Zellverbänden werden diese Stellglieder aktiviert durch Veränderung der Zellaktivität und der Durchlässigkeit der Zellmembran. In vier Bereichen besteht eine Möglichkeit, Änderungen vorzunehmen

1. Stoffwechselaktivität
2. Reproduktionsaktivität
3. Sekretionsaktivität (z. B. Hormonproduktion)
4. Aktivitätsänderung der Muskelzellen

Damit der Regler überhaupt sinnvolle Steuerungsinformationen für die Effektoren ausgeben kann, benötigt er Informationen über den aktuellen Zustand des Systems. Diese Informationen liefern ihm in biologischen Systemen die Rezeptoren. Um den Regelkreis komplett zu machen, bedarf es noch des Informationsaustausches zwischen den drei Komponenten. Unserer bisherigen Erkenntnis nach erfolgt der Informationsaustausch elektrisch (Nervenzellen), biochemisch (etwa durch Hormone), durch Licht oder durch Quantenverschränkung. Jede dieser Formen ist gleichzeitig mit einer Energieübertragung verbunden.

Biophotonen: Der Begriff B. wird für diejenigen Lichtquanten verwendet, die ein Teil der ultraschwachen Photonenemission (UPE) biologischer Herkunft sind. Die Strahlung unterscheidet sich von der Biolumineszenz durch ihre um mehrere Größenordnungen geringere Intensität.

Blixsche Punkte s. Temperatursinn.

Bose-Einstein-Kondensat: ein extremer Aggregatzustand eines

Systems ununterscheidbarer Teilchen, in dem sich der überwiegende Anteil der Teilchen im selben quantenmechanischen Zustand befindet.

Brocasche Region nennt man den in der dritten, der untersten Stirnwindung gelegenen Teil der Großhirnrinde, von dem die Sprechbewegungen ausgehen, dessen Zerstörung also Sprechbewegungen unmöglich macht (zur Aphasie führt).

Brownsche Molekularbewegung: unregelmäßige und ruckartige Wärmebewegung kleiner, aber mikroskopisch sichtbarer Teilchen in Flüssigkeiten und Gasen.

Casimireffekt: quantenphysikalischer Effekt, der bewirkt, dass auf zwei parallele, leitfähige Platten im Vakuum eine Kraft wirkt, die beide zusammendrückt.

Causa (lt. *causa*): Ursache. C. efficiens = wirkende Ursache; c. finalis = End- oder Zweckursache; c. sui = Ursache seiner selbst, ursachlos, absolut. In der Ethik Spinozas (1632—1677) ist c. sui ein notwendiges Prädikat der göttlichen Substanz, um damit den Weltgrund festzulegen. Ähnlich schon die Scholastiker, die Gott das Prädikat der c. sui beilegten als Beweisgrund für das Dasein Gottes; so auch noch später.

Chaos (gr.): altgriechische Vorstellung vom Urzustand der Welt als wirres, formloses Durcheinander des Weltstoffes im Ggstz. zur gesetzlich geordneten Welt, zum Kosmos. C h a o t i s c h : formlos, gesetzlos, ungeordnet.

Charakter (gr. *charaktér*): die besondere, eigentümliche Natur eines Dinges, eines Wesens; der feste, bleibende Grundzug des Denkens und Handelns eines Wesens; die gleichbleibende Willensrichtung.

Chloroplast: Organelle von Zellen der Grünalge und höheren Pflanzen, die Fotosynthese betreiben.

Chlorosomen: Als C. werden intrazelluläre Organellen (s. d.) von Fotosynthese betreibenden grünen Schwefelbakterien bezeichnet.

Chromatid: Teil der Chromosomen der Eukaryonten. Ein Chromatid besteht aus einem DNA-Doppelstrang und den zugehörigen Chromatin-Proteinen.

Chromatin: Material, aus dem die Chromosomen bestehen. Es ist ein Komplex aus DNA und speziellen Proteinen, von denen etwa die Hälfte Histone sind.

Chromatophoren: in der Botanik spezifisch geformte Teile der Zelle, die (wenigstens zeitweise) mit gewissen Farbstoffen durchtränkt sind. Sie vermehren sich lediglich durch Teilung. Man unterscheidet: Chloroplasten (ihre häufigste Form sind die Chlorophyllkörner), Chromoplasten und Leukoplasten. In der Zoologie versteht man unter Ch. pigmentfreie Zellen der Haut, die unter dem Einfluss des Nervensystems stehen und durch Zusammenballung oder Ausbreitung ihres farbstoffhaltigen Protoplasmas rasch die Hautfarbe verändern können (wie beim Chamäleon oder bei den Tintenfischen).

Chromophor: ein C. ist derjenige Teil eines Farbstoffs, der für Farbigkeit sorgt.

Chromosom: Makromolekülkomplex, der aus DNA besteht, die mit vielen Proteinen verpackt ist.

Chronoskop (gr. *chrónos skopéō*) von Hipp: besonders fein gebautes Uhrwerk, dessen Zeiger tausendstel Sekunden anzeigen und in den Gang des Werkes auf elektromagnetischem Wege ein- und ausgeschaltet werden können. Dies Chr. wird z. B. zu Assoziationsexperimenten gebraucht, um Reproduktionszeiten genau zu messen.

Circulus vitiosus (lt.) ist ein Beweisfehler, s. Beweis.

Coenzym: niedermolekularer Partner eines Enzyms, der für dessen Funktion unerlässlich ist.

Cogito, ergo sum (lt.): Ich denke, also bin ich. Dies ist der oberste, unmittelbar gewisse Satz, zu dem Descartes (1596—1650) durch methodischen Zweifel an allem vordrang, auf dem er sein ganzes System ausbaute und aus dem er zunächst folgerte: Ich bin ein denkendes Wesen (res cogitans). Durch das c. e. s. wird die Seinsgewissheit des Bewusstseins zum Ausdruck gebracht.

Common sense (engl.): gesunder Menschenverstand. Ihn mit seinem Besitz an Grundwahrheiten (theoretischen, moralischen, religiösen) machte die „Schottische Schule", zu der z. B. Reid (1710—1796), Beattie (1735 bis 1803) gehörten, zur Grundlage der Philosophie, um damit vermeintlich erfolgreich Hume (1711—1776) zu bekämpfen, dessen Lehren verderbliche Folgen der Lockeschen Philosophie seien.

Cosmid: Plasmid mit Verpackungssequenzen von einem spezifischen Virus, der das Bakterium Escherichia coli zum Wirt hat.

Cyanobakterien: Abteilung der Domäne Bacteria. Sie zeichnen sich vor allen anderen Bakterien durch ihre Fähigkeit zur oxygenen Fotosynthese aus.

Darwinismus heißt die von Ch. Darwin (1809—1882) aufgestellte Lehre von der allmählichen Entwicklung der Arten (Tier- und Pflanzenarten) auf und durcheinander als äußere, ausschlaggebende Einflüsse bei der Entstehung der Arten gelten: Veränderlichkeit (Variabilität) der Individuen, Anpassung, Vererbung, natürliche Zuchtwahl (auslese) infolge des Kampfes ums Dasein.

Dasein ist wirkliches Vorhandensein im Ggstz. zum Gedachtsein. Wir schreiben einem Denkobjekt D. zu, wenn es außer dem Denkakt oder augenblicklichen Erleben vorfindbar ist. D. ist keine dingliche Eigenschaft, kein Merkmal eines Begriffes, wofür es im ontologischen Gottesbeweis fälschlich gehalten wird.

Deduktion (lt. *deductio*): Ableitung des Besonderen aus dem Allgemeinen. Ggstz.: Induktion. Zur D. wird der logische Schluss (Syllogismus) benutzt. Transzendentale D., der schwierigste und wichtigste Teil in Kants (1724 bis 1804) Kr. d. r. V. ist der Nachweis der objektiven Gültigkeit der reinen Verstandesbegriffe (Kategorien), d. h. der Nachweis, dass die Kategorien für die Gegenstände möglicher Erfahrung gelten.

deduktiv (lt. *de—duco*): ableitend, vom Allgemeinen ausgehend. Ggstz.: induktiv.

Definition (lt. *definitio*): Begriffsbestimmung, Erklärung eines Begriffes durch Angabe seiner (wesentlichen) Merkmale. Eine Nominaldefinition ist nur eine Worterklärung, bei der für den Begriffsnamen ein gleichbedeutender, aber bekannterer Name angegeben wird. Eine Realdefinition ist eine Sacherklärung, bei welcher meist der dem zu definierenden Begriff nächst übergeordnete Gattungsbegriff (genus proximum) und der artbildende Unterschied (differentia specifica) angegeben wird. Geht man auf einen noch höheren Begriff zurück, so hat man noch mehr Merkmale anzugeben. Eine analytische D. ist eine D., bei der ein gegebener Begriff in seine Merkmale aufgelöst wird, eine synthetische (genetische) D. ist eine solche, bei der ein Begriff erst durch Verbindung von Merkmalen entsteht (wie in der Mathematik). Sokrates (469—399) legte als Erster großes Gewicht auf die D., als der Grundlage des Wissens.

Deismus (lt. *deus*): Annahme und Aufstellung einer Vernunftreligion. Im Ggstz. zum Atheismus hält der D. an einer Gottheit als Weltgrund fest. Im Ggstz. zum Theismus sieht der D. in Gott nur den Schöpfer, nicht auch den Erhalter und Lenker der Welt, und verwirft er die Offenbarung, weil sie dem natürlichen Licht unserer Vernunft zuwider ist. Der D. stammt aus England und war besonders charakteristisch im und für das Zeitalter der Aufklärung (18. Jahrh.). Hauptvertreter, Deisten oder Freidenker genannt, waren in England z. B. Herbert v. Cherbury (1581—1648), Blount (1659—1693), Toland (1670—1722), Shaftesbury (1671—1713), Tindal (1656—1733), in Frankreich Voltaire (1694—1778), in Deutschland Reimarus (1694—1768), Lessing (1729—1781), Mendelssohn (1729 bis 1786).

Dekohärenz: Phänomen der Quantenphysik. Dekohärenzeffekte ergeben sich, wenn ein bislang abgeschlossenes System mit seiner Umgebung in Wechselwirkung tritt, wodurch sowohl der Zustand der

Umgebung als auch der Zustand des Systems irreversibel verändert werden.

Demiurg (gr. *dēmi—urgós*): Weltbildner oder -baumeister. So nennt Plato (427—347) Gott, der im Hinblick auf die ihm innewohnende Idee die schönste, vollkommenste, einzig mögliche Welt schuf. Bei den Gnostikern ist der D. der Judengott des Alten Testaments.

Demonstration (lt. *demonstratio*): Beweis, Beweisführung.

Dendrit: Zellfortsatz von Nervenzellen, der aus dem Zellkörper hervorgeht und vorwiegend der Reizaufnahme dient.

Denkgesetze: Erfordernisse des logischen Denkens beim Urteilen und Schließen. Die Logik führt folgende vier Gesetze an: 1. Satz der Identität: Jeder Begriff muss in immer gleicher Bedeutung verwendet werden; 2. Satz des Widerspruchs: Zwei einander entgegengesetzte Urteile können nicht zugleich wahr sein; 3. Satz des ausgeschlossenen Dritten: Von zwei einander entgegengesetzten Urteilen muss eins notwendig wahr sein; 4. Satz vom zureichenden Grund: Jedes Urteil muss einen zureichenden Grund haben.

Dependenz (lt. *de—pendeo*): Abhängigkeit, Kausalität.

Deskription (lt. *descriptio*): Beschreibung. deskriptiv: beschreibend.

Desoxyribose: aus fünf Kohlenstoff-Atomen bestehender Zucker, eine Pentose.

Deszendenztheorie (lt. *de—scendo* + Theorie): Abstammungslehre, biologische Entwicklungslehre. S. Darwinismus.

Determination (lt. *determinatio*): Begrenzung, Bestimmung; bedeutet in der Logik das der Abstraktion entgegengesetzte Verfahren, durch das Merkmale eines Begriffes näher bestimmt oder dem Begriff neue, mögliche Merkmale hinzugefügt werden. Durch D. eines Begriffes entsteht ein ihm untergeordneter Begriff (Art); der Inhalt des ursprünglichen Begriffes wird dadurch größer, sein Umfang kleiner.

Determinismus (lt. *de–termino*): 1. philosophisches Konzept, das davon ausgeht, dass alle Ereignisse nach feststehenden Gesetzen ablaufen, durch die sie vollständig bestimmt seinen. – 2. die Ansicht, dass der menschliche Wille unfrei ist, d. h. bestimmt wird durch äußere und innere Ursachen (Motive, Beweggründe). Ggstz.: Indeterminismus. Vertreter des D., Deterministen sind z. B. die Stoiker, Hobbes (1588—1679), Spinoza (1632—1677), Locke (1632—1704), Leibniz (1646—1716), Schleiermacher (1768—1834), Herbart (1776 bis 1841), Schopenhauer (1788—1860).

Dialektik (gr. *dialektiké*) wörtlich: Unterredungskunst; übertragen:

methodisches Verfahren einer Erkenntnis aus Begriffen, soviel wie Logik. Aristoteles (384—322) nennt den Eleaten Zenon (5. Jahrh. v. Ehr.) den Erfinder der D., die bei diesem die Kunst des indirekten Beweisens ist. Bei Sokrates (469—399) ist D. die Kunst der wissenschaftlichen Unterredung zwecks Klärung der Begriffe. Bei Plato (427—347) ist D. das Verfahren zur Erkenntnis der Ideen. Durch die Sophisten erhält D. die üble Bedeutung einer Kunst des logischen Scheins, der Täuschung durch Trugschlüsse. Transzendentale D. ist in Kants (1724—1804) Kr. d. r. V. die Aufdeckung der Irrtümer, die sich bei der vermeintlichen Erkenntnis des Übersinnlichen, Unerfahrbaren einstellen. Bei Schleiermacher (1768—1834) und Hegel (1770—1831) hat D. wieder den platonischen Sinn der wissenschaftlichen (philosophischen, metaphysischen) Forschungsmethode. Insbesondere ist bei Hegel D. die Entwicklung der Begriffe auseinander, indem immer aus zwei entgegengesetzten Begriffen (Thesis und Antithesis) ein den Gegensatz aufhebender, neuer Begriff hervorgeht (Synthesis).

Diallele (gr. *di-állēlos*): Zirkeldefinition oder Zirkelbeweis (s. Beweis), deren Fehler darin besteht, dass das zu Erklärende oder zu Beweisende mittelbar oder unmittelbar zur Erklärung oder zum Beweise benutzt wird.

dianoetische (gr. *dianoētikos*) Tugenden nennt Aristoteles (384—322) die richtigen Betätigungsweisen der Vernunft, wie sie sich äußern in: Wissen, Weisheit, Kunst, Einsicht. Außer diesen Tugenden nennt Aristoteles noch ethische Tugenden, die in der Willensrichtung das einsichtige Innehalten der richtigen Mitte zum Ausdruck bringen.

Diätetik (gr. *diaitēma*): Kunst der Lebensführung.

differentia specifica (lt.): artbildender Unterschied (s. d.).

Differenzierung (lt. *dif-fero*): 1. philosophisch: Besonderung, Gliederung eines Gleichartigen in verschiedenartige Teile. 2. biologisch: Entwicklung von Zellen oder Geweben von einem weniger in einen stärker spezialisierten Zustand.

Dilemma (gr. *di-lēmma*) 1. in der Logik: Schluss mit hypothetischdisjunktivem Obersatz. Seine Form ist: Wenn A wäre, müsste B oder C sein. Da weder B noch C sind, so ist A nicht. Beispiel: Wäre dieser Körper elektrisch geladen, so müsste bei seiner Annäherung an ein geladenes Elektroskop der Ausschlag dessen Blättchen größer oder kleiner werden. Da der Ausschlag derselbe bleibt, ist jener Körper nicht elektrisch geladen. 2. Im weiteren Sinne: schwierige Wahl zwischen zwei Möglichkeiten.

Dimension (lt. *dimensio*): Ausmessung, Ausdehnung, Mannigfaltigkeit. Der Raum hat drei

Dimensionen (Breite, Höhe, Tiefe), die Zeit nur eine Dimension (Dauer).

Dimer: Molekül oder ein Molekülverbund, der aus zwei oft identischen Untereinheiten, den Monomeren, besteht.

Ding an sich nennt Kant (1724 bis 1804) den Grund der Erscheinung. Die D. a. s. sind die Dinge ohne Beziehung zur Anschauungsart des Subjekts, also in ihrer vom Subjekt unabhängigen Wirklichkeit; sie sind unerkennbar, geben aber den Stoff zu den Erscheinungen, den Gegenständen der Erfahrung. Der Begriff des D. a. s. ist von den Auslegern und Vertretern der kritischen Philosophie (Kants) in sehr verschiedenem Sinne genommen, von manchen auch verworfen. In Schopenhauers (1788—1860) Metaphysik gilt als das D. a. s., als das An sich oder Wesen der Welt, der Wille.

Diracsee: Der D. ist ein 1930 entwickeltes theoretisches Modell, welches das Vakuum als einen unendlichen „See" von Teilchen mit negativer Energie beschreibt. Heutzutage werden die Zustände negativer Energie mithilfe der Quantenfeldtheorie und Antiteilchen interpretiert, wodurch der Diracsee in den meisten Fällen unnötig geworden ist.

Disjunktion (lt. *disiunctio*): logische Trennung, Entgegensetzung.

disjunktiv (lt. *dis–iungo*): entgegensetzend, gegensätzlich. Ein d. Urteil ist ein Urteil, dessen Subjekt oder Prädikat d. Begriffe sind; seine Form ist: 1. S1 oder S2, oder S3 ist P; 2. S ist P1 oder P2, oder P3. Ein d. Schluss ist ein Schluss, dessen Obersatz ein d. Urteil ist; seine Form ist: S ist P1 oder P2 oder P3, S ist weder P2 noch P3 (S ist P1), folglich ist SP1 (folglich ist S weder P2 noch P3).

Diskrepanz (lt. *discrepantia*): Verschiedenheit, Misshelligkeit, Missverhältnis.

diskret (lt. *dis–cerno*): getrennt, unterschieden, unzusammenhängend. Ggstz.: stetig, kontinuierlich.

diskursiv (lt. *discursus*): von einem zum anderen Gedanken übergehend beim begrifflichen Denken, logischen Schließen, daher kurz: begrifflich, logisch. Ggstz.: intuitiv.

disparat (lt. *disparatus*): getrennt. D. Begriffe sind Begriffe, die inhaltlich gar keine nähere Beziehung zueinander haben, also unvereinbar sind z. B. die Begriffe Verstand und Pflanze.

Disposition (lt. *dispositio*): 1. Anordnung, Einteilung, Gliederung 2. Gemütsstimmung, Geneigtheit, Anlage, Empfänglichkeit.

Dissimilation (lt. *dis–similis*): Verwandlung.

Dissipation (lt. *dissipatio*): Zerstreuung; Ggstz.: Konzentration.

Dissipatives System: dynamisches System, dessen Energie in ungeordnete Bewegungsenergie der Moleküle (Wärme) übergeht.

distinkt (lt. *distinctus*): unterschieden, deutlich.

Diversifikation: Artenvielfalt.

Division (lt. *divisio*): Einteilung (s. d.)

DNA = Desoxyribonukleinsäure: ein in allen Lebewesen und in bestimmten Virentypen vorkommendes Bio-Molekül und Träger der Erbinformation, also der Gene.

DNA-Methyltransferase: Enzyme, die Methylgruppen auf Nukleinbasen der DNA übertragen.

Dogma (gr. *dógma*), Lehrsatz ohne Beweis, Glaubenssatz, Glaubenslehre.

dogmatisch (von Dogma): ungeprüft, unkritisch.

Dogmatismus (von Dogma): 1. methodisch: das wissenschaftliche Lehrverfahren, das, wie in der Mathematik, die Lehrsätze durch Beweis aus Grundsätzen ableitet; 2. erkenntnistheoretisch: das zweifellose, blinde Vertrauen auf die Wahrheitsfähigkeit des Denkens, das bedingungslose Vertrauen in die Übereinstimmung des Denkens mit der Wirklichkeit, der Gebrauch der Vernunft ohne Prüfung ihrer Fähigkeit und Grenzen. Der D. kennt daher keine Grenzen der Erkenntnis. Ggstz.: Skeptizismus; D. und Skeptizismus überwindet der Kritizismus (s. d.). Vertreter des D., Dogmatiker genannt, sind z. B. Descartes (1596—1650), Spinoza (1632 bis 1677), Leibniz (1646—1716), Wolff (1679—1754), die Rationalisten unter den Aufklärungsphilosophen im 18. Jahrh., auch Fichte (1762—1814), Hegel (1770—1831), Schelling (1775—1854).

Dominanten (lt. *dominans*) nennt Reinke (1849–1931) den Energiestrom zweckmäßig richtende Triebkräfte in Pflanze und Tier; sie bilden eine Art von Beseelung des Stoffes. S. a. Vitalismus.

Doppel-Ich s. alternierendes Bewusstsein.

Doppelbindung: Form der Atombindung, bei der vier Bindungselektronen (zwei Elektronenpaare) beteiligt sind.

Doppelhelix: Geometrisches Gebilde, bei dem – im Gegensatz zur einfachen Helix – das Motiv der Windung doppelt vorhanden ist.

Doppelspaltexperiment: Bei diesem Experiment lässt man Licht oder Teilchen durch zwei schmale Spalte einer Schlitzblende treten. Auf einem Beobachtungsschirm dahinter zeigt sich ein Wellenmuster (Interferenzmuster). Wenn es darum geht, den Weg des Lichts oder der Teilchen zu bestimmen, verschwindet unerklärlicherweise das Interferenzmuster. Das Experiment gilt als das wichtigste Experiment der Quantenmechanik.

Dopplereffekt: als zeitliche Stauchung bzw. Dehnung wahrgenommene Veränderung eines Signals bei einer bewegten Quelle z. B. Wechsel der Töne eines Martinshorns („tatü...taataa"). In der Astronomie wird aufgrund des D. die Farbe des sich vom Beobachter entfernenden Sterns mit einer Rotverschiebung wahrgenommen. Der Effekt ist nach Christian Doppler (1803-1853) benannt.

Downward causation: Abwärtskausalität. Eine kausale Wirkung, die von einem System auf seine Elemente ausgeübt wird.

Druckpunkte: Hautstellen größter Druckempfindlichkeit.

Dualismus (lt. dualis): Annahme zweier entgegengesetzter Prinzipien. Der Ausdruck ist von Th. Hyde geprägt für die ethisch-religiöse Ansicht, dass im All sich ein gutes Prinzip (Gott) und ein böses Prinzip (Satan) gegenüberstehen. Neben dieser kommt durch Wolff (1679—1754) die neuere Bedeutung auf, nach der wir unter D. in der Metaphysik die Annahme zweier verschiedener Prinzipien des Seins: Seele und Leib, Geist und Körper verstehen. Diesen D. vertrat der Begründer der neueren Philosophie Descartes (1596—1650). Nach ihm sind die beiden völlig verschiedenen Daseinsweisen die denkende Substanz (Geist, Seele) und die aufgedehnte Substanz (Körper, Leib); und doch lässt er zwischen Seele und Leib eine Wechselwirkung durch die Lebensgeister zu. Wie diese bei völliger Ungleichartigkeit der beiden Substanzen möglich sein soll, ist von Descartes nicht erörtert. Hieran knüpften die Nachfolger, namentlich die Okkasionalisten (s. d.) an. Ggstz. zu D. ist Monismus.

dualistisch (lt. *dualis*): auf zwei Prinzipien fußend. Ggstz.: monistisch.

Dunkle Energie und **Dunkle Materie**: hypothetische Formen von Energie und Materie im Weltall.

Dynamik (gr. *dynamiké*): Lehre von den Kräften. S. Mechanik.

dynamisch (gr. *dýnamis*): kraftartig, auf das Wirken von Kräften fußend. Die d. Weltanschauung oder der Dynamismus erklärt alle Naturerscheinungen durch das Wirken von Kräften. Die d. Auffassung der Materie sieht in deren Elementen Kraftzentren. Vertreter des D. in verschiedener Form sind z. B. Leibniz (1646—1716), Kant (1724—1804), Schelling (1775—1854), Schopenhauer (1788—1860).

EEG: **Elektroenzephalografie**, eine Technik zur Aufzeichnung der elektrischen Aktivität des Gehirns.

Egoismus (lt. *ego*) 1. erkenntnistheoretisch: = Solipsismus (s. d.); 2. ethisch: Selbstsucht, Eigenliebe. Der E. als ethischer Standpunkt bestimmt als Zweck alles Handelns das eigene Wohlergehen. Ggstz.: Altruismus. Egoisten in diesem Sinne sind z. B. Hobbes (1588—1679), La Rochefoucauld (1613—1680), im stärksten Grade Stirner (1806 bis 1856), Nietzsche (1844—1900).

Einbildungskraft oder Fantasie ist die Fähigkeit, Wiedervergenwärtigte (reproduzierte) Vorstellungen in einen neuen Zusammenhang zu bringen, der von den durch die Wahrnehmung gegebenen Zusammenhängen dieser Vorstellungen abweicht. Kant (1724—1804) nennt produktive E. das Vermögen, das Mannigfaltige der Anschauung in ein Bild zu bringen, dadurch Einheit der Erkenntnis ermöglichend; er nennt reproduktive E. das Vermögen der Wiedervergegenwärtigung früher gehabter Wahrnehmungen.

Eindrucksmethode oder Reizmethode ist diejenige Methode der experimentellen Psychologie, die durch Einwirkung äußerer Reize die Beziehung zwischen Reiz und psychischer Veränderung festzustellen sucht.

Einteilung oder Division ist die Angabe aller Arten eines Gattungsbegriffes, die sich durch nähere Determination eines und desselben Merkmales des Begriffes ergeben. Einteilungsgrund ist das Merkmal, das bei der E. näher determiniert wird.

Eklektizismus (gr. *eklektos*): philosophisches Verfahren, aus anderen Systemen das richtig und passend Erscheinende auszuwählen und zu einem System zusammenzufügen. Vertreter dieses Verfahrens, Eklektiker genannt sind z. B. Cicero (106—4Z v. Chr.), die meisten Philosophen der deutschen Aufklärung (18. Jahrh.), Cousin (1792—1867).

Ekstase (gr. *ekstasis*): Außersichsein, Verzückung. Dieser Zustand ist bei Philo (20 v. Chr. bis 45 n. Chr.), Plotin (205—270) und den Mystikern das Mittel für die Seele, Gott zu schauen, sich selbstbewusstlos in das göttliche Wesen zu versenken, mit ihm eins zu werden.

Eleaten: griechische Philosophen im 6. und 5. Jahrh. v. Chr., genannt nach dem Ort Elea in Unteritalien, wo sie lehrten. Zu ihnen gehören Xenophanes, Parmenides, Zenon, Melissus. Eleatismus heißt ihre Lehre von der Einheit, Einfachheit und Unveränderlichkeit des Seins, demgegenüber Vielheit, Bewegung und Werden nur (Sinnes-) Täuschung sei.

Elektrodynamik: Teilgebiet der Physik, das sich mit bewegten elektrischen Ladungen und veränderlichen elektrischen und magnetischen Feldern beschäftigt.

Elektromagnetische Welle: Welle aus gekoppelten elektrischen und magnetischen Feldern. Beispiele für elektromagnetische Wellen sind Radiowellen, Mikrowellen, Wärmestrahlung, Licht, Röntgenstrahlung und Gammastrahlung. Alle diese Wellen haben auch Teilchencharakter. Das bedeutet: Es gibt Photonen, die dem Licht entsprechen (= Lichtteilchen), es gibt aber genauso Photonen, die den Radiowellen oder der Wärmestrahlung entsprechen.

Elektron: negativ geladenes Elementarteilchen.

Elektronenorbital: Oberfläche des kleinstmöglichen Volumens, in dessen Inneren sich das Elektron mit großer (z. B. 90%-iger) Wahrscheinlichkeit aufhält. In quantenmechanischen Modellen der Atome ist es die räumliche Wellenfunktion eines einzelnen Elektrons in einem quantenmechanischen Zustand.

Elektronenwolke: Elektronenhülle, d. h. der äußere aus Elektronen bestehende Teil eines Atoms.

Element (lt. *elementum*): 1. Ur- oder Grundstoff. Die Frage nach dem Grundstoff der Welt oder des Kosmos ließ Thales (um 600 v. Chr.) im Wasser, Anaximenes (um 530 v. Chr.) in der Luft den Grundstoff erblicken. Empedokles (etwa 490 bis 430) führte vier E. an: Feuer, Wasser, Luft, Erde. Die Pythagoreer und Aristoteles (384—322) nahmen fünf E. an: Feuer, Wasser, Luft, Erde, Äther. Seit Boyle (1626—1691) werden unter E. chemisch-wissenschaftlich die Stoffe verstanden, die sich in qualitativ einfachere nicht zerlegen lassen. 2. psychische E. nennt Wundt (1832—1920) die Empfindungen und einfachen Gefühle. 3. In der Umgangssprache sind die E. die Anfangsgründe.

Elementarteilchen: kleinste bekannte Bausteine der Materie beziehungsweise geringste Anregungsstufen von Quantenfeldern.

Elenchus (gr. *elenchos*): Widerlegung, Gegenbeweis. Ignoratio elenchi (lt.) ist ein Beweisfehler infolge Außerachtlassens des zu Beweisenden.

Emanation (lt. *emanatio*): eigentlich Ausfluss, ist besonders nach der Lehre der Neuplatoniker das Hervorgehen aller Dinge aus dem ursprünglichen, einen, unveränderlichen Vollkommenen durch Ausstrahlung, wobei mit zunehmender Entfernung das Emanierte immer unvollkommener wird. Ggstz.: Evolution.

Embryonale Stammzellen: ontogenetisch früheste Stammzellen, aus denen später die primitiven Keimstammzellen sowie die somatischen Stamm- und Progenietorzellen (oder Vorläuferzellen) hervorgehen.

Emotion (frz. *émotion*): Gemütsbewegung, Gefühlsausbruch, Affekt. Emotionale Ethik f. Gefühlsmoral.

Empfindung ist das gegenständliche (objektive) oder anschauliche Element des Wahrnehmungsinhaltes veranlasst durch Nervenreize. S. a. Gefühl.

Empirie (gr. *empeiria*): Erfahrung. Empirem: Erfahrungssatz.

Empiriokritizismus (Empirie + Kritizismus) ist die von Avenarius

(1843—1896) begründete erkenntnistheoretische Richtung, welche in der Wiederherstellung der reinen Erfahrung unter Ausschaltung aller metaphysischen Beimengung die Aufgabe der Erkenntnistheorie erblickt. Der Erkenntnisvorgang wird biologisch, aus der Organisation des Menschen verstanden. Der grundsätzliche Unterschied von Subjekt und Objekt, Bewusstsein und Sein, physisch und psychisch wird abgelehnt. Der Standpunkt ist objektiver Idealismus (s. d.). S. a. Introjektion.

empirisch (gr. *empeirikós*): erfahrungsmässig, auf Erfahrung beruhend, auf die Erfahrung bezüglich. Ggstz.: rational, apriorisch, transzendent. Empirische Begriffe: Erfahrungsbegriffe, Begriffe, die aus der Erfahrung stammen; Ggstz.: apriorische Begriffe.

Empirismus (gr. *empeiria*): Erfahrungsphilosophie; 1. der erkenntnistheoretische Standpunkt, dass die einzige oder doch hauptsächliche Quelle der Erkenntnis und die Grundlage ihrer Gültigkeit die Erfahrung ist. Ggstz.: Rationalismus. Zwischen E. und Rationalismus vermittelt der Kritizismus. Der E. wird zum Sensualismus, wenn nur die sinnliche Wahrnehmung als Quelle des Wissens und womöglich noch die Verstandestätigkeit aus der Sinnestätigkeit entstanden gelten. Der kritische E. sieht den Ursprung des Stoffes der Erkenntnis in der Erfahrung, den Ursprung der Form der Erkenntnis im Verstand. Vertreter des E. heißen Empiristen. Den neueren E. begründeten die englischen Philosophen Baron (1561 bis 1626) und namentlich Locke (1632—1704). Zum Sensualismus ist der E. z. B. geworden bei Berkeley (1685—1753) und Hume (1711 bis 1776). Zum prinzipiellen Abschluss kommt der englische E. bei J. St. Mill (1806—1873); 2. der ethische E. sieht den Ursprung sittlicher Beurteilung in der Erfahrung. Dieser Standpunkt ist in neuester Zeit zum Evolutionismus (s. d.) verfeinert.

empiristisch (s. Empirismus): dem Empirismus gemäß. Ggstz.: aprioristisch.

Endoplasmatisches Retikulum: kurz ER. Reich verzweigtes Kanalsystem flächiger Hohlräume in biologischen Zellen, das von Membranen umschlossen ist. Am und im ER finden Translation, Proteinfaltung, Proteinqualitätskontrolle, posttranslationale Modifikationen von Proteinen und Proteintransport von Transmembranproteinen und sekretorischen Proteinen statt.

Endosymbiontentheorie: eine Theorie, die besagt, dass Eukaryoten dadurch entstanden sind, dass prokaryotische Vorläuferorganismen eine Symbiose eingegangen sind.

Endosymbiose: Zusammenleben oder Vergesellschaftung von Individuen zweier unterschiedlicher Arten, bei der einer der Partner in den

Körper des anderen aufgenommen wird.

Endursache = causa finalis, s. Zweck.

Energie (gr. *en ergon*): die Fähigkeit, Arbeit zu verrichten. Eine fundamentale physikalische Größe, die in allen Teilgebieten der Physik sowie in der Technik, Chemie, Biologie eine zentrale Rolle spielt. Die beiden Grundgesetze der Energielehre, Energetik. sind: 1. das Gesetz von der Verwandelbarkeit der E. (-formen), 2. das Gesetz von der Erhaltung der E. Die Gesamtenergie eines abgeschlossenen Systems kann weder vermehrt noch vermindert werden (Energieerhaltungssatz). Begründer der Energetik sind R. Mayer (1814—1878), Helmholtz (1821—1894), Joule (1818 bis 1889).

Enge des Bewusstseins: ein von Locke (1632—1704) stammender Ausdruck für die Tatsache, dass gleichzeitig nur eine geringe Zahl verschiedener Vorstellungen im Bewusstsein sein kann.

Engramm (gr. *en-gráphō*) s. Spur.

Entelechie (gr. *entelécheia*) nennt Aristoteles (384 bis 322) die Verwirklichung des Möglichen (des Stoffes) durch Formung, die Verwirklichung des Zweckes, das Formungsprinzip. In diesem Sinne ist die Seele die E. des Leibes. Anschließend bezeichnet Driesch (1867-1941) in seiner Naturphilosophie mit E. das Lebensprinzip, das Gestaltende und Richtende in den Lebewesen.

Enthymem (gr. *enthýmēma*): abgekürzter Schluss, bei dem eine Prämisse fortgelassen ist, aber in Gedanken ergänzt werden kann. Beispiel: Die Luft atmenden Wirbeltiere haben Lungen, also auch das Pferd. Fortgelassen, zu ergänzen ist: Das Pferd ist ein Luft atmendes Wirbeltier.

Entität (lt. *ens*): das Wesen eines Dinges.

Entropie (gr. *en–tropē*) ist der nicht mehr nutzbare Teil der Energie eines geschlossenen Systems. Durch Zerstreuung oder Ausgleichung wächst die E., während die Energie im Ganzen konstant bleibt. Sie strebt somit einem Höchstbetrag (Maximum) zu, der erreicht ist, wenn keine nutzbare Energie mehr vorhanden ist (Zustand des sog. Wärmetodes). E. ist eine fundamentale thermodynamische Zustandsgröße. Von zwei ansonsten gleichen Körpern enthält derjenige mehr Entropie, dessen Temperatur höher ist. Stehen zwei Körper unterschiedlicher Temperatur miteinander in Kontakt, so fließt Entropie vom wärmeren zum kälteren Körper; dadurch gleichen sich auch die Temperaturen der beiden Körper an. In einem abgeschlossenen System, bei dem es keinen Wärme- oder Materieaustausch mit der Umgebung gibt, kann die Entropie nach dem zweiten Hauptsatz der Thermo-

dynamik nicht abnehmen. Es kann im System jedoch Entropie entstehen. Entropie entsteht z. B. dadurch, dass mechanische Energie durch Reibung in thermische Energie umgewandelt wird. Da die Umkehrung dieses Prozesses nicht möglich ist, spricht man auch von einer „Energieentwertung". –
Zusammenhang zwischen Entropie und Information (s.d.):
1. Es gilt der formelmäßige Zusammenhang: *Gesamtinformation = Zufallsinformation + geordnete Information*. Wenn man die E. als die Menge der Zufallsinformation eines Systems betrachtet, dann ist die Gesamtinformation immer größer oder gleich der E.
2. Die Größe der geordneten Information eines Systems ist grundsätzlich sehr viel kleiner als die Größe der ungeordneten Information. Bei näherungsweiser Betrachtung der Gesamtinformation I kann deshalb die geordnete Information vernachlässigt werden und es gilt: *Gesamtinformation = Entropie*, kurz: I = E.

Enzyklopädisten (gr. *enkýklios paideía*) heißen die französischen Aufklärer, die an der von d'Alembert (1717—1783) und Diderot (1713 bis 1784) von 1751—1772 in 35 Bänden herausgegebenen „Enzyklopädie (allgemeines Sachwörterbuch) der Wissenschaften, Künste und Gewerbe" sich beteiligten. Außer den Herausgebern seien als Mitarbeiter genannt z. B. Montesquieu, Voltaire, Turgot, Holbach, Grimm, Rousseau.

Enzym: biologisches Riesenmolekül, das als Katalysator eine biochemische Reaktion beschleunigen kann. Fast alle Enzyme sind Proteine.

Epagoge (gr. *epagōgé*) soviel wie Induktion.

Epigenesis (gr. *epigenesis*): von dem Zoologen Wolff (1735 bis 1794) vertretene Lehre, wonach sich neue Strukturen oder Lebewesen aus dem Keim des alten neu entwickeln, die nicht in ihm vorgebildet sind. Ggstz.: Präformation.

Epikureismus bedeutet im weiteren, aber ungerechtfertigten Sinne, wie er durch die Stoiker aufgekommen ist, soviel wie Genusssucht. Im engeren, richtigen Sinne ist E. die Philosophie Epikurs (341—270) und seiner Anhänger, die gekennzeichnet ist durch Sensualismus, Atomismus (nach der Atomlehre Demokrits), Tugend = Streben nach Glückseligkeit durch ein heiter ruhiges, friedlich stilles Leben.

Ereignishorizont: Grenzfläche innerhalb von Raum und Zeit (Raumzeit). Ereignisse jenseits dieser Grenzfläche sind für einen Beobachter nicht sichtbar.

Erfahrung bedeutet im weitesten Sinne soviel wie Wahrnehmung, Erlebnis. In diesem Sinne steht der E. das Denken gegenüber. Im strengen, erkenntnistheoretischen Sinne ist nach Kant (1724—1804) E. das Produkt des Denkens in die Anschauung, verstandene Wahrnehmung, also Erkenntnis. S. a. Empirismus.

Erfahrungsbegriffe = empirische Begriffe sind Begriffe, die aus der Erfahrung stammen im Ggstz. zu den apriorischen Begriffen oder Kategorien.

Ergograf (gr. *érgon*): Vorrichtung, welche körperliche Arbeitsleistung (Heben von Gewichten) durch eine Kurve aufzeichnet. Der E. wird in der experimentellen Psychologie zu Ermüdungsmessungen benutzt.

Erhaltung der Energie: In energetisch abgeschlossenen Systemen bleibt bei allen sonstigen Veränderungen die Gesamtmenge der Energie (s. d.) ungeändert; in einem System, das mit andern in Wechselwirkung steht, nimmt die Energie um ebenso viel zu oder ab, wie sie in den andern Systemen zusammengenommen ab- oder zunimmt. Vereinigt man alle diese zu einem vollständigen System, so bleibt in diesem wiederum die Energie konstant. Schließlich in Anwendung auf das Universum: Die Energie der Welt ist konstant. Energie kann also weder erzeugt noch vernichtet werden. Das ist das oberste Postulat aller exakten Naturforschung. Zuerst ist es bei rein mechanischen Systemen erwiesen worden; hier bleibt bei allen Bewegungen der Körper des Systems die Summe der potenziellen und aktuellen Energie ungeändert, um denselben Betrag, um den die eine zunimmt, nimmt die andre ab: Satz von der Erhaltung der mechanischen Energie: Systeme dieser Art heißen konservative Systeme; solche, in denen die mechanische Energie teilweise in andre übergeführt wird, dissipative Systeme (s. auch Entropie). Ebenso bleibt bei rein kalorischen Vorgängen die gesamte Wärme ungeändert, bei rein elektrischen die gesamte elektrische Energie usw. — Sodann wurde das Prinzip bei der Umwandlung von Arbeit, d. h. mechanischer Energie, in Wärme oder umgekehrt erwiesen, und zwar dadurch, dass gezeigt wurde: Auf welche Art auch immer diese Umwandlung erfolgen möge, es findet stets dasselbe Äquivalentverhältnis statt. Die Aufstellung des betreffenden Postulats verdankt man Robert Mayer, den exakten Nachweis Joule; endlich hat Helmholtz das Prinzip auf alle Energieumwandlungen ausgedehnt. Auch für den lebenden Organismus ist es als exakt gültig nachgewiesen worden (Rubner).

Eristik (gr. *eristiké téchne*): Kunst des Wortstreites. Das Haupt der Eristiker ist Euklid von Megara (um 400 v. Chr.), ein Schüler des Sokrates; er beschäftigte sich mit einer Lehre des Widerlegens. Berühmt sind die Fangschlüsse der Eristiker.

Erkenntnis ist ein objektives, allgemeingültiges Urteil; die Bestimmung der Gegenstände des wissenschaftlichen Denkens durch allgemeingültige Urteile; das Ergebnis denkender Verarbeitung eines Gegebenen.

Erkenntnistheorie ist ein besonderes Gebiet der Philosophie, das aus Erkenntnispsychologie und E. im engeren Sinne besteht. Die Erkenntnispsychologie sucht die psychologische Entstehung der als Tatsache gegebenen Erkenntnis aufzudecken. Die eigentliche E. fragt nach dem Ursprung, der Geltung, dem Umfang und den Grenzen der Erkenntnis und wird wegen ihres kritischen Charakters auch Erkenntniskritik genannt. Sie ist die philosophische Grundwissenschaft, die aller Spekulation vorangehen muss. Ihr Begründer ist Locke (1632—1704), ihr bedeutendster Vertreter Kant (1724 bis 1804). Die Grundfragen der E. und die diesbezüglichen Standpunkte lassen sich im Großen und Ganzen folgendermaßen ordnen:

A. Auf die Frage nach dem Ursprung der Erkenntnis antworten:
   1. der Rationalismus,
   2. der Empirismus,
   3. der Kritizismus oder Transzendentalismus.

B. Auf die Frage nach der Geltung und den Grenzen der Erkenntnis antworten:
   1. der Dogmatismus,
   2. der Skeptizismus (nebst Subjektivismus, Relativismus und Pragmatismus),
   3. der Positivismus,
   4. der Kritizismus.

C. Auf die Frage nach der Aufgabe oder dem Gegenstand der Erkenntnis antworten:
   1. der Realismus,
   2. der Idealismus,
   3. der Phänomenalismus.

In betreff der Methode der E. stehen sich der Psychologismus und Antipsychologismus gegenüber. Jener sieht in der E. einen Teil oder eine Anwendung der Psychologie, benutzt daher die empirisch-psychologische Methode. Dieser weist jene Ansicht ab, erklärt die E. für selbstständig und benutzt die logisch-transzendentale Methode.

Eros (gr. *erōs*) nennt Plato (427 bis 347) den Erkenntnistrieb.

erotematisch (gr. *erōtēmatikós*) heißt das Lehrverfahren mittels Frage und Antwort. Ggstz.: akroamatisch.

Erscheinungen sind die Dinge in Beziehung zur Anschauungsart des Subjekts, sie sind die Gegenstände der Erfahrung; ihr Grund, auf den sie hinweisen, sind die unerkennbaren Dinge an sich. S. a. Ding an sich, Phänomenalismus.

Erschleichung (Subreption) ist die Erreichung eines Zieles (z. B. eines Beweises) mit versteckten unerlaubten Mitteln (z. B. unsicherer Beweisgrund).

esoterisch (gr. *esōterikós*): für Eingeweihte bestimmt, fachwissenschaftlich. Ggstz.: exoterisch.

Essenz (lt. *essentia*): das Wesen, Wesentliche. Ggstz.: Akzidenz. Essenziell: wesentlich; Ggstz.: akzidenziell.

Ethik (gr. *ēthikós*): Lehre von den sittlichen Werten (= Moralphilosophie, praktische Philosophie, Sittenlehre). Der Ausdruck geht zurück auf Aristoteles (384—322), der auch als Erster die E. systematisch darstellte. Die Grundfragen der E. und die diesbezüglichen Standpunkte lassen sich im großen und ganzen (nach Külpe) folgendermaßen ordnen: A. Frage nach dem Ursprung des Sittlichen.
I. Den Ursprung sittlicher Verpflichtung bestimmen verschieden:
   1. autonome Moralsysteme
   2. heteronome oder autoritative Moralsysteme.
II. Den Ursprung sittlicher Beurteilung oder Erkenntnis bestimmen verschieden:
   1. Apriorismus oder Intuitionismus,
   2. Empirismus oder Evolutionismus.
B. Frage nach dem Wesen des Sittlichen. Die Bestimmung ist
I. formal (Formalismus),
II. material
α) nach Motiven bei der
   1. Gefühlsmoral oder emotionalen E.,
   2. Reflexionsmoral;
β) nach Objekten bei dem
   1. Individualismus:
     a) Egoismus,
     b) Altruismus;
   2. Universalismus;
γ) nach Zwecken bei dem
   1. Subjektivismus:
     a) Hedonismus,
     b) Eudämonismus
   2. Objektivismus:
     a) Perfektionismus,
     b) Evolutionismus,
     c) Naturalismus,
     d) Utilitarismus.

Ethikotheologie (s. Ethik + Theologie) = Moraltheologie: Versuch, das Dasein und die Eigenschaften Gottes aus der Tatsache der Sittlichkeit herzuleiten.

ethisch (s. Ethik): sittlich, zur Ethik gehörig.

Eucyten: Zellen der Eukaryoten.

Eudämonismus (gr. *eudaimonia*): Glückseligkeitslehre, diejenige Richtung in der Ethik, die den Zweck des menschlichen Handelns, den Wert des sittlichen in der Glückseligkeit erblickt. Vertreter der Richtung, Eudämonisten genannt, sind z. B. Demokrit (etwa 460—370), Aristoteles (384—322), Epikur (341 bis 270), Leibniz (1646—1716), englische Moralphilosophen des 18. Jahrh., Aufklärungsphilosophen.

Eukaryonten: Lebewesen, deren Zellen einen Zellkern besitzen.

Euklidische Geometrie: Geometrie, die nach dem griechischen

Mathematiker Euklid (3. Jahrh. v. Chr.) benannt ist. In der E. G. gilt: 1. Parallelen schneiden sich nicht. 2. Die Winkelsumme im Dreieck beträgt 180 Grad. 3. Das Verhältnis zwischen Umfang und Durchmesser eines Kreises ist gleich der Kreiszahl Pi. – Auf der Oberfläche einer Kugel, z. B. der Erdoberfläche oder in der allgemeinen Relativitätstheorie gilt die E. G. nicht.

Evidenz (lt. *evidentia*): unmittelbare Gewissheit durch Anschauung oder Denknotwendigkeit. Evident: unmittelbar einleuchtend.

Evolution (lt. *evolutio*): Entwicklung (des Höheren, Zusammengesetzten aus dem niederen, Einfachen). Ggstz.: Emanation. Die biologische E. ist die Entwicklung der Lebewesen im Verlauf der Stammesgeschichte. Die chemische E. ist die erdgeschichtliche Entstehung organischer Moleküle aus anorganischen. Die kosmologische E. ist die Entwicklung des Universums aus dem Urknall. – Ein Evolutionsprozess besteht aus drei einfachen Schritten. Zuerst entsteht Neues, möglicherweise noch nie Dagewesenes. Im zweiten Schritt wird das Neue mit Vorhandenem kombiniert und zur Auswahl dargeboten. Im dritten und letzten Schritt wird eine Auswahl unter dem Dargebotenen getroffen. Die Auswahl kann passiv durch Wechselwirkung mit der Umwelt geschehen oder aktiv unter der Berücksichtigung der individuellen Neigung, bestimmte Ziele zu verfolgen (= Bedürfnisse). In der Biologie heißen die drei Schritte: Mutation, Rekombination und Selektion.

Evolutionismus (s. Evolution): 1. diejenige Richtung in der Ethik, die den Ursprung sittlicher Beurteilung in der Erfahrung oder Entwicklung sieht; Vertreter sind z. B. Spencer (1820—1903), Wundt (1832—1920); 2. diejenige Richtung in der Ethik, die das Ziel des menschlichen Strebens in der Entwicklung, im Fortschritt sieht; Vertreter ist z. B. Wundt.

exakt (lt. *exactus*): genau, vollendet, zahlenmäßig bestimmt. E. Wissenschaften sind die Wissenschaften, die es mit messbaren Größenverhältnissen zu tun haben.

Existenz (frz. *existence*): Dasein, Vorhandensein. Existenzialurteil: Urteil, welches das Vorhandensein eines Gegenstandes aussagt.

exoterisch (gr. *exōterikós*): für Laien bestimmt, allgemein verständlich, populär. Ggstz.: esoterisch.

Experiment (lt. *experimentum*): methodischer Versuch, planmäßige Herbeiführung eines Vorganges zur Erforschung oder Prüfung seiner Gesetzlichkeit. Auf die Wichtigkeit des E. haben besonders hingewiesen Galilei (1564 bis 1641) und Bacon (1561—1626).

explizite (lt. *explicitus):* entwickelt, ausdrücklich. Ggstz.: implizite.

Expression: Genexpression, d. h. Biosynthese von Proteinen anhand der genetischen Information und alle zugehörigen Prozesse, beginnend mit der Transkription als Synthese von RNA.

extensive Größe (lt. *ex—tendo*): Raumgröße.

Fallazien (lt. *fallaciae*): Fehlschlüsse, die bei irrtümlicher Falschheit auch Paralogismen, bei absichtlicher Falschheit (um zu täuschen) Trugschlüsse oder Sophismen genannt werden.

Falsifizierung ist der Nachweis der Ungültigkeit einer Aussage. Eine wissenschaftliche Theorie muss prinzipiell falsifizierbar sein. Sonst handelt es sich nicht um eine wissenschaftliche Theorie.

Farbenblindheit (Daltonismus) 1. totale: Fehlen jeglicher Farbenempfindung, 2. partielle: Fehlen bestimmter Farbenempfindungen; am häufigsten ist die Rot-Grün-Blindheit.

Farbentheorien: Für die Tatsache der Farbenmischungen gibt es eine Anzahl physiologischer Theorien, von denen am bekanntesten sind die von Helmholtz (1821—1894) im Anschluss an Th. Young (1773—1829) aufgestellte und die von Hering (1834–1918) aufgestellte. 1. Die Young-Helmholtzsche F. nimmt drei Grundempfindungen Rot, Grün, Violett an, die durch fotochemische Vorgänge (d. h. chemische Vorgänge infolge Lichteinwirkung) in der Netzhaut ausgelöst werden, und aus deren verschiedenen Mischungen alle Lichtempfindungen mit Einschluss der farblosen, entstehen sollen. 2. Die Heringsche F. oder Theorie der Gegenfarben nimmt sechs Ur- oder Grundfarben an, die Gegensatzpaare: Weiß-Schwarz, Rot-Grün, Gelb-Blau. Diese sechs Empfindungen kommen durch sechs fotochemische Vorgänge an drei Sehsubstanzen innerhalb der Netzhaut zustande. Je zwei dieser Vorgänge finden an derselben Substanz statt, nämlich als Zersetzung (Dissimilation) und als Wiederherstellung (Assimilation). Weiß-, Rot-, Gelb-Empfindungen entsprechen den Zersetzungsvorgängen, Schwarz-, Grün-, Blau-Empfindungen entsprechen den Wiederherstellungsvorgängen. Die übrigen Farbenempfindungen entstehen dadurch, dass zwei oder alle drei Sehsubstanzen in einem gewissen Verhältnis zugleich zerfetzt oder wiederhergestellt werden.

Fatalismus (lt. *fatalis*) Glaube an die Schicksalsbestimmung; die Ansicht, dass alle Ereignisse durch ein unabwendbares Schicksal vorausbestimmt sind. Vertreten ist die Ansicht durch einige Stoiker und den Islam.

Fechnersche Maßformel s. Webersches Gesetz.

Fehlschluss: eine Schlussart, deren Schlusssatz aus den Prämissen nicht wirklich folgt. Sehr oft liegt der Fehler darin, dass der Mittelbegriff in beiden Prämissen verschiedene Bedeutung hat (quaternio terminorum). S.a. Fallazien, Paralogismen.

Feld: Ein physikalisches Feld ist eine Funktion, die jedem Punkt im Raum eine physikalische Größe zuordnet. Felder der klassischen Physik und der Quantenphysik (Quantenfelder) erfordern eine unterschiedliche Behandlung und Interpretation.

Finalität (lt. *finis*): Vorhandensein von Zweck- oder Endursachen, Zielstrebigkeit, Verknüpfung aller Vorgänge nach dem Gesichtspunkte des Zweckes. S. a. Teleologie. Ggstz.: Mechanismus. Coßmann (1869–1942) nennt die Kausalität eine zweigliedrige Beziehung: Ursache-Wirkung, die F. eine dreigliedrige Beziehung: Zweck-Ursache—Wirkung. Final: zielstrebig.

Fluktuation bezeichnet einen zufälligen quantenphysikalischen Prozess, der einen spontanen sprunghaften Wechsel von Gegebenheiten und Zuständen bewirkt.

Fluoreszenz: spontane Emission von Licht kurz nach der Anregung eines Materials.

Flüssigkristall: Substanz, die einerseits flüssig ist, andererseits aber auch richtungsabhängige (anisotrope) physikalische Eigenschaften aufweist wie ein Kristall.

FMO-Komplex: Fotosynthetischer Antennenkomplex, der der Absorption von Licht dient.

Form (lt. *forma*) ist die Erscheinungsweise des Stoffes. F. und Stoff sind gegensätzliche und korrelate Begriffe. F. der Anschauung sind Raum und Zeit, F. des Denkens sind die Kategorien oder reinen Verstandesbegriffe. In der Geschichte der Philosophie spielt der Ggstz. und die verschiedene Wertung von F. und Stoff von alters her eine große Rolle. Die alten ionischen Naturphilosophen, z. B. Thales (um 600 v. Chr.), Anaximenes (um 530 v. Chr.), sahen im Stoff das Weltprinzip, die Pythagoreer dagegen erkannten in der F., in der Zahl und den mathematischen Verhältnissen, das bleibende Wesen der Welt. Bei Empedokles (etwa 490—430) und Anaxagoras (500—428) stehen sich Stoff und formende Kräfte gegenüber. Die größte Bedeutung erhält die F. in der Ideenlehre Platos (427 bis 347): Die Ideen sind die ewigen, über alles erhabenen F. oder Urbilder. Auch bei Aristoteles (384 bis 322) hat die F. die Oberhand, sie ist das Verwirklichende und Zweck setzende für den an sich gestaltlosen, unwirklichen Stoff. Die wichtige Unterscheidung von F. und Stoff der Erkenntnis findet sich zuerst bei Lambert (1728—1777) und Tetens (1736—1807).

formal (lt. *formalis*): die Form betreffend (nicht den Inhalt). Ggstz.: material.

Formalismus (lt. *formalis*): diejenige Richtung in einer Wissenschaft, die in der Form das Wesentliche der Sache sieht. So vertreten z. B. Herbart (1776—1841) und Zimmermann (1824—1898) den ästhetischen F.: das Schöne liegt allein in der Form. Kant (1724 bis 1804) vertritt z. B. den ethischen F.: "Handle so, dass die Maxime deines Willens jederzeit zugleich als Prinzip einer allgemeinen Gesetzgebung gelten könne." Logischer F. s. (formale) Logik.

Fraktal ist ein vom Mathematiker Benoit Mandelbrot 1975 geprägter Begriff, der bestimmte künstliche Gebilde oder geometrische Muster bezeichnet. So ein Gebilde besitzt im Regelfall keine ganzzahlige Dimension und weist Selbstähnlichkeit auf, als ob es aus mehreren verkleinerten Kopien seiner selbst besteht.

Freidenker ist jeder, der sich von der positiven Religion freimacht, namentlich jeder Anhänger des Deismus.

Freiheit als Freisein von jeder Abhängigkeit würde nur einem absoluten Wesen im metaphysischen Sinne zukommen. In der Wirklichkeit aber gibt es eine derartige F. nicht. Für uns ist F. das Gegenteil von Zwang, nicht von Notwendigkeit (der Verursachung). F. kommt nicht dem Willen, der immer durch Beweggründe usw. bestimmt sein wird, zu, sondern der handelnden Person in betreff der Ausführung oder Nichtausführung einer Handlung. Vgl. Determinismus, Indeterminismus.

freisteigend nennt Herbart (1776 bis 1841) eine Vorstellung, die nach Fortfall der Hemmung durch eine andere Vorstellung ohne Weiteres ins Bewusstsein tritt. Ein solches Wiederauftauchen von Vorstellungen ohne Mitwirkung einer Assoziation bestreitet z. B. Wundt (1832—1920).

Frequenz: die Anzahl der von einem periodischen Vorgang, Welle oder Schwingung, vollendeten Zyklen innerhalb eines festgelegten Zeitintervalls.

Funktion (lt. *functio*): Betätigungsweise eines Organs. In der Mathematik: durch eine Rechenvorschrift gegebenes gegenseitiges Abhängigkeitsverhältnis veränderlicher Größen. In $y = 3x + 5$ z. B. entspricht jedem Wert für x ein Wert für y und umgekehrt.

Galenische Schlussfigur s. Schlussfiguren.

Gammastrahlung: besonders durchdringende elektromagnetische Strahlung, die beim spontanen Zerfall der Atomkerne vieler natürlich vorkommender oder künstlich erzeugter radioaktiver Nuklide entsteht.

Gattungsbegriff ist ein Begriff, der mehrere ihm untergeordnete Begriffe (Artbegriffe) umfasst. S. a. Begriff.

Gedächtnis ist die Fähigkeit, frühere Erlebnisse ohne wesentliche Änderung ihres Inhalts und ihrer

Ordnung wieder ins Bewusstsein zurückzurufen (zu reproduzieren). Der Vollkommenheitsgrad des G. hängt ab von der Leichtigkeit der Aneignung, von der Leichtigkeit der Reproduktion, von der Treue, Dauerhaftigkeit, Vielseitigkeit. Stützt sich das G. besonders aus Gesichtsvorstellungen, oder auf Gehörsvorstellungen, oder auf Bewegungsvorstellungen, so redet man von einem visuellen (optischen), akustischen (auditiven) oder motorischen Typus des G. Grundlage des G. ist die Assoziation. Methoden zur Untersuchung des G. s. Methoden.

Gefühl nennen wir das an einem Bewusstseinsinhalt, was wir als besonderen, eigenen Zustand erleben; es ist die Rückwirkung des Ichs auf das Erlebnis. Einfache G. sind demnach die zuständlichen (subjektiven) und unanschaulichen Elemente des Erlebnisinhaltes; Ggstz.: Empfindung (s. d.). An jedem G. wie an jeder Empfindung unterscheidet man Art (Qualität) und Stärke (Intensität). Nach Wundt (1832—1920) werden Empfindungsqualitäten durch größte Unterschiede, die Gefühlsqualitäten durch größte Gegensätze begrenzt. Gefühlston ist das mit einer Empfindung verbundene G. S. a. Gefühlsregung.

Gefühlsmoral = emotionale Ethik: diejenige ethische Richtung, welche die Motive des sittlichen Wollens und Handelns in den Gefühlen, Neigungen, Affekten erblickt. Vertreter dieses Standpunktes sind z. B. das Christentum, Spinoza (1632 bis 1677), Shaftesbury (1671—1713), Hutcheson (1694—1747), Smith (1723—1790), Schopenhauer (1788 bis 1860), Feuerbach (1804—1872), Comte (1798—1857). Ggstz.: Reflexionsmoral.

Gefühlsregungen sind Zustände, in denen – wenn auch nur vorübergehend – alle körperlichen Ressourcen für einen bestimmten Zweck aktiviert sind und in denen sich die Aufmerksamkeit ganz speziell auf dieses Ziel richtet – (Dawkins, 1994).

Gegenfarben nennt man die Gegensatzpaare: Weiß—Schwarz, Rot— Grün, Gelb—Blau. S. Farbentheorien.

Geist: 1. im Allgemeinen dasselbe wie Seele, im Ggstz. zu Stoff, Körper, Materie. Wird G. und Seele unterschieden, so ist jener die höhere seelische Betätigung: Verstand, Vernunft. Weltgeist wird der göttliche Allgeist genannt. Zeitgeist ist die Denkweise eines Zeitalters. Als gestaltendes Weltprinzip gilt der G. (Nus genannt) bei Anaxagoras (500 bis 428), bei Aristoteles (384—322) usw. Den scharfen Ggstz. zwischen G. und Körper betont der Dualismus Descartes' (1596—1650). 2. B e w u s s t s e i n (s. d.).

Gemeinempfindungen sind Empfindungen in inneren Organen

(Magen, Darm usw.), z. B. Hunger, Durst, Atemnot usw.

Gemeingefühl ist nach Wundt (1832—1920) der unmittelbare Ausdruck unseres sinnlichen Wohl- oder Übelbefindens.

Gen: Abschnitt auf der DNA, der die Grundinformationen zur Herstellung einer biologisch aktiven RNA enthält.

Generalisation (lt. *generalis*, *genus*): Verallgemeinerung.

generatio aequivoca oder **spontanea** (lt.): Urzeugung, Entstehung von Lebewesen aus toten (anorganischen) Stoffen. Aristoteles (384 bis 322) hielt es z. B. für eine Tatsache, daß außer den niedersten Tieren sogar Frösche und Insekten aus Schlamm entständen. Die Wissenschaft lehrt, daß es eine derzeitige Urzeugung nicht gibt, daß sie aber eine Forderung der Wissenschaft ist; wenn man die Entstehung der Lebewesen erklären will.

generisch (lt. *genus*): zur Gattung gehörig.

genetisch (gr. *génesis*): der Entstehung entsprechend, die Entstehung oder Entwicklung berücksichtigend. In der Erkenntnistheorie steht der g. oder psychologischen Methode, welche die psychologische Entstehung als Gesichtspunkt hat, die transzendentale Methode gegenüber.

Genie (frz. *génie*): außergewöhnliche Begabung des Geistes, die sich durch schöpferische Phantasie, Originalität und Kraft des Gestaltens auszeichnet. Dem Talent fehlt namentlich die Originalität des G.

Genom: Gesamtheit der materiellen Träger der vererbbaren Informationen einer Zelle.

genus proximum (lt.): nächsthöhere Gattung. Vgl. Definition.

geozentrisch (gr. *géa* + lt. *centrum*): die Erde als Mittelpunkt der Welt annehmend. Ggstz.: heliozentrisch. G. war das Weltbild des Ptolemäus (2. Jahrh. n. Chr.) und der Kirche des Mittelalters.

Geschichte der Philosophie ist 1. Entwicklungsgeschichte der philosophischen Probleme nebst deren Lösungen bzw. Lösungsversuchen, 2. Darstellung der Lehren der einzelnen Philosophen in ihrem inneren Zusammenhange und ihrer Bedingtheit durch Zeitstimmung (Geist des Zeitalters), Volksgeist und Individualität des betreffenden Philosophen. Man teilt die G. d. Ph. (nach Vorländer) folgendermaßen ein:

A. PHILOSOPHIE DES ALTERTUMS.
I. Hauptsächlich kosmologische Periode (von Thales zum 600 v. Chr. bis Demokrit um 460—370).
II. Vorwiegend anthropologische Periode (Sophisten 15. bis 4. Jahrh. v. Chr., Sokrates 469—399, Sokratiker 4. Jahrh. v. Chr.).
III. Systematische Periode oder die klassische Philosophie der Griechen (Plato 427 bis 347, Aristoteles 384 bis 322).
IV. Hellenistisch-römische Philo-

sophie, nebst Neuplatonismus (3. Jahrh. v. Chr. bis 6. Jahrh. n. Chr.).
B. PHILOSOPHIE DES MITTELALTERS.
I. Patristik (2. Jahrh. n. Chr. bis 8. Jahrh.).
II. Scholastik und Mystik (9. Jahrh. bis 15. Jahrh.).
C. PHILOSOPHIE DER NEUZEIT.
I. Übergangszeit (besonders 15. und 16. Jahrh.),
  1. Philosophie der Renaissance (15. u. 16. Jahrh.),
  2. Begründung der modernen Naturwissenschaft (16. und 17. Jahrh.)
II. Zeit der großen metaphysischen Systeme, hauptsächlich im 17. Jahrh. (Descartes 1596—1650, Hobbes 1588—1679, Spinoza 1632 bis 1677, Leibniz 1646 bis 1716).
III. Aufklärungsphilosophie des 18. Jahrh.,
  1. in England (von Locke 1632—1704 bis Hume 1711—1776),
  2. in Frankreich (von Bayle 1647—1705 bis Rousseau 1712—1778),
  3. in Deutschland (von etwa 1700—1781).
IV. Neubegründung der Philosophie durch Kants (1724 bis 1804) Kritizismus.
V. Die großen nachkantischen Systeme in Deutschland in der ersten Hälfte des 19. Jahrh. von Fichte (1762 bis 1814) bis Schopenhauer (1788—1860).
VI. Philosophie der Gegenwart (von der Mitte des 19. Jahrh. an).

Geschichtsphilosophie beschäftigt sich mit den Grundbegriffen, Grundsätzen und Methoden der Geschichtswissenschaft und sucht das Ziel der geschichtlichen Entwicklung der Menschheit zu ergründen.

Gesetz: 1. Vorschrift, Forderung für das Verhalten, z. B. Staatsgesetz, Sittengesetz; 2. Unveränderliche, eindeutige Art und Weise des Geschehens, z. B. Naturgesetz. In der exakten Wissenschaft ist ein G. eine Beziehung zwischen mathematischen Größen von physikalischer Bedeutung. Es lässt sich nur in einfachen Fällen bequem und einwandfrei durch Worte aussprechen, meist aber durch eine oder mehrere Formeln, sei es durch Gleichungen oder Ungleichungen; in jenem Falle ist es ein Quantitätsgesetz, in diesem nur ein Tendenzgesetz. Beispiele: das Newtonsche, das Ohmsche, das durch die Maxwellschen Gleichungen ausgesprochene Gesetz. Viele Gesetze werden am anschaulichsten durch die grafische Darstellung. Gesetze von grundlegender erkenntnistheoretischer Bedeutung werden Prinzip, andrerseits solche von geringerer Exaktheit oder Sicherheit Regeln genannt. Ein Gesetz verdient nur dann diesen Namen, wenn es keine Ausnahmen zulässt, es sei denn, dass diese Ausnahmen ihrerseits wieder gesetzmäßig formuliert werden. – In der Quantenphysik bezieht sich die naturwissenschaftlich geforderte unveränderliche, eindeutige Art des Geschehens auf Wahrscheinlichkeiten und den statischen Charakter der Vorgänge, nicht aber auf einzelne Ereignisse, die infolge von Fluktuation (s. d.) in spezifischem Rahmen veränderlich sind.

Gewicht ist der Druck eines Körpers auf die Unterlage, auf der er ruht, insbesondere auf die Schale der Waage, auf der er gewogen wird. Das Gewicht ist eine Kraft und somit das Produkt aus Masse und Beschleunigung, letztere in diesem Falle die Beschleunigung der Schwere, also vom Ort abhängig, und zwar sowohl von der geografischen Breite als auch von der Höhe über dem Meeresspiegel (s. Gravitation). Im Gegensatz zur trägen Masse kann man das Gewicht auch als ponderable Masse bezeichnen.

Glaube ist persönliche (subjektive) Gewissheit oder Überzeugung, die objektiv nicht zu begründen ist. Der G. steht zwischen Meinen und Wissen. Jenes ist ein Fürwahrhalten ohne zureichende subjektive und objektive Begründung, dieses ist subjektiv und objektiv zureichend begründete Erkenntnis. Der G. stützt sich auf Autorität oder eigene Antriebe des Subjekts. Nach Locke (1632—1704) ist der G. die Zustimmung zur Offenbarung; nach Hume (1711—1776) ist er die auf Gewohnheit beruhende Überzeugungskraft (unserer Erfahrungsschlüsse, vom Dasein der Außendinge). Kants (1724—1804) Absicht, „das Wissen aufzuheben, um dem G. Platz zu machen", zielt auf das Wissen von übersinnlichen Dingen und auf den G. an diese Dinge (Riehl).

Gliazellen: Stützgerüst für Nervenzellen das für die gegenseitige elektrische Isolation der Nervenzellen sorgt. Neuere Erkenntnisse zeigen, dass Gliazellen maßgeblich am Stoff- und Flüssigkeitstransport, an der Homöostase im Gehirn und an Prozessen der Informationsverarbeitung, -speicherung und -weiterleitung beteiligt sind.

Gluonen (engl. to glue = kleben): Elementarteilchen, die indirekt für die Anziehung von Protonen und Neutronen in einem Atomkern verantwortlich sind.

Glykolyse: schrittweiser Abbau von Monosacchariden (Einfachzuckern) wie der D-Glucose (Traubenzucker), der ein zentraler Prozess beim Abbau aller Kohlenhydrate in allen Eukaryonten ist.

Gnosis (gr. *gnósis*): Erkenntnis, im Besonderen diejenige, welche die Glaubenslehren durch philosophische Lehren zu begründen strebt. Vertreter solcher Bestrebungen (Gnostizismus) heißen Gnostiker. Die katholischen Gnostiker Clemens und Origenes (um 200 n. Chr.) bemühten sich, in Übereinstimmung mit dem allgemeinen (katholischen) Kirchenglauben zu bleiben, während die häretischen Gnostiker, z. B. Saturninus, Basilides (um 130 n. Chr.), Valentinus (um 160 n. Chr.), griechische Philosophie mit religiösen Mythen zu mythischmetaphysischen Systemen, zur Mystik (s. d.) verschmolzen hatten.

Gottesbeweise: Alle sog. Beweise für das Dasein Gottes lassen sich auf folgende vier zurückführen: 1. Ontologischer Beweis. Er schließt vom Begriff aufs Dasein, sieht das Dasein als ein Merkmal des Begriffes (Gott) an. Existierte Gott nicht wirklich, sondern nur als Begriff, so widerspräche dieser Mangel dem Begriffe Gottes als des vollkommensten, realsten Wesens. Der ontologische Beweis ist zuerst aufgestellt von Anselm v. Canterbury (1033 bis 1109) und vom Rationalismus, für den er kennzeichnend ist, übernommen. So findet er sich z. B. bei Descartes (1596—1650), Spinoza (1632—1677), Leibniz (1646—1716), Wolff (1679—1754). 2. Kosmologischer Beweis. Er schließt aus der Tatsache des Weltganzen auf eine letzte Ursache alles Seins und Geschehens. 3. Teleologischer oder physikotheologischer Beweis. Er schließt aus der Zweckmäßigkeit der Welt auf einen intelligenten Urheber. 4. Moralischer oder ethikotheologischer Beweis. Er schließt von der Tatsache der Sittlichkeit auf den Urheber der sittlichen Weltordnung, von dem Verlangen nach ausgleichender Gerechtigkeit auf eine göttliche Gerechtigkeit. — Kant (1724 bis 1804) hat gezeigt, dass keiner der vier Beweise stichhaltig ist. Er hält das Dasein Gottes für eine Forderung der praktischen Vernunft.

Gravitation (lt. *gravitas*): allgemeine Massenanziehung. Ein besonderer Fall der G. ist die Schwere. Newton (1642—1727) entdeckte das Gesetz der G., nach dem sich zwei Himmelskörper einander mit einer Kraft anziehen, die den Massen dieser Körper direkt, dem Quadrat ihres Abstandes umgekehrt proportional ist. Mit diesem Gravitationsgesetz begründete Newton die Mechanik des Himmels.

Grenzbegriff: ein Begriff, der die Grenze der Erkenntnis angibt, der also ein jenseits der Erfahrung Liegendes (Transzendentes), daher seiner Beschaffenheit nach nicht näher Bestimmbares setzt.

Grund nennt man das, was ein Urteil denknotwendig macht; das Urteil heißt die Folge. Von diesem logischen oder Erkenntnisgrund ist der Realgrund oder die Ursache zu unterscheiden. Aus der Wirklichkeit des Erkenntnisgrundes ist auf die Wirklichkeit der Folge, aus dem Nichtbestehen der Folge auf das Nichtbestehen des Erkenntnisgrundes zu schließen. Die Umkehrung dieses Satzes führt im Allgemeinen zu Fehlschlüssen. Satz vom zureichenden G. (principium rationis sufficientis), s. Denkgesetze.

Grundfarben nennt man die drei Farben: Rot, Grün, Blauviolett, aus denen sich durch geeignete Mischung alle übrigen Farben hervorbringen lassen. Die genannten Farben bilden die Ecken des sog. Farbendreieckes.

Grundsatz s. Axiom.

Halluzination (lt. *hallucinatio*): Vorstellung, die ganz den Charakter einer Sinneswahrnehmung hat, ohne dass aber ein äußerer Reiz als ihre Ursache vorliegt. Ursache der H. kann starke Erregbarkeit oder krankhafte Reizung gewisser Teile des Gehirns sein.

haptisch (gr. *haptós*): zum Tastsinn gehörend.

Hedonismus (gr. *hēdoné*): Lustlehre, diejenige Richtung in der Ethik, die als Zweck des menschlichen Strebens, als höchstes Gut die Lust ansieht. Vertreter dieser Richtung sind z. B. die Kyrenaiker, deren Haupt Aristipp (435—355) die sinnliche Lust als das Erstrebenswerte bezeichnete, unter den französischen Materialisten z. B. La Mettrie (1709—1751), Helvetius (1715—1771), Holbach (1723 bis 1789).

Hegelianismus ist die spekulative, metaphysische Philosophie Hegels (1770—1831), sein Panlogismus. Auch die Philosophie der Anhänger Hegels nennt man H.

heliozentrisch (gr. *hélios*): die Sonne als Mittelpunkt der Welt ansehend. Ggstz.: geozentrisch. H. ist das Weltbild seit Kopernikus (1473—1543).

Heringsche Farbentheorie s. Farbentheorien.

heterogen (gr. *hetero-genés*): ungleichartig, verschieden.

Heterogonie der Zwecke nennt Wundt (1832—1920) das psychische Entwicklungsgesetz, nach dem sich das Verhältnis der Wirkungen zu den vorgestellten Zwecken so darstellt, dass in jenen immer noch Nebenwirkungen vorkommen, die in den vorausgehenden Zweckvorstellungen nicht mitgedacht waren, die aber gleichwohl in neue Motivreihen eingehen und so entweder die bisherigen Zwecke abändern oder als neue Zwecke auftreten.

heteronom (gr. *heteró—nomos*): von fremden Gesetzen geleitet, unselbstständig. Ggstz.: autonom. H. oder autoritative Moralsysteme sind Moralsysteme, die den Ursprung sittlicher Verpflichtung in Vorschriften oder Regeln annehmen, die von außen her an den Einzelnen herantreten. Einen derartigen Standpunkt, wenn auch nicht immer rein, vertreten z. B. Sokrates (469—399), die theologische Ethik, Hobbes (1588 bis 1679), v. Kirchmann (1802 bis 1884). Ggstz.: autonome Moralsysteme. Heteronomie: Abhängigkeit von fremden Gesetzen, Unselbstständigkeit. Ggstz.: Autonomie.

Heuristik (gr. *heuriskō*): Erfindungskunst; Anweisung,

methodisch Wahrheiten zu entdecken. Eine solche Anweisung sollte die „Große Kunst" (ars magna) des Raimund Lullus (1235—1315) sein. Heuristisches Verfahren (= genetisches, analytisches Verfahren): Darstellung eines Wissensgebietes nach seinem Werdegang.

Hintergrundstrahlung: Die kosmische Mikrowellenhintergrundstrahlung ist eine das ganze Universum erfüllende Strahlung im Mikrowellenbereich, welche kurz nach dem Urknall entstanden ist.

Historismus (lt. *historia*): Neigung, alles geschichtlich zu begreifen, vom Gesichtspunkt der Entwicklung aus zu betrachten.

Hominismus (lt. *homo*) nennt Windelband (1848—1915) den Subjektivismus, weil dieser keine unbedingte Wahrheit, sondern nur vom Menschen (homo) abhängige Wahrheit anerkennt.

homogen (gr. *homo—genés*): gleichartig.

Homöomerien (gr. *homoio–méreiai*): gleichartige Teile nannte Aristoteles (384—322) die von Anaxagoras (500—428) angenommenen gleichartigen, aber qualitativ bestimmten Elemente (von ihm selbst Samen genannt) der Dinge. Nach Anaxagoras gibt es soviel qualitativ verschiedene Elemente, wie es verschiedene Stoffe gibt. Ggstz. zu den qualitätslosen Elementen (Atomen) Demokrits.

Hormon: Biochemischer Botenstoff, um eine spezifische Wirkung oder Regulationsfunktion an den Zellen eines Erfolgsorgans zu verrichten.

Humanismus (lt. *humanus*): Menschlichkeitsstandpunkt, 1. Philosophiegeschichtlich: Streben des 15. und 16. Jahrh. nach dem klassischen (griechischen) Ideal freien Menschentums, nach dem Ideal rein menschlicher Bildung. Der H. ist der Beginn der Renaissance (s. d.). Er ist die Befreiung des menschlichen Geistes vom mittelalterlich-kirchlichen Zwang. Die Gebundenheit an den kirchlichen Aristoteles hört auf; man geht auf die Originalwerke der griechischen Philosophen zurück, beschäftigt sich besonders mit Plato, den Neuplatonikern, Stoikern und stellt dem kirchlichen Aristoteles den echten gegenüber. Freie Forschung um ihrer selbst willen ist das Zeichen dieser Zeit; 2. erkenntnistheoretisch: Ausdruck für den Pragmatismus, insofern er die Wahrheit als ein menschliches Erzeugnis und als ihr Kennzeichen die Brauchbarkeit für die Förderung menschlicher Lebenszwecke ansieht.

Hylozoismus (gr. *hýlē zōé*): die Annahme einer Stoffbeseelung. Vertreter dieser Annahme, Hylozoisten genannt, sind z. B. die alten ionischen Naturphilosophen Thales (um 600 v. Chr.), Anaximenes (um 530 v. Chr.), Heraklit (zwischen 535 bis 475), französische Materialisten des 18. Jahrh., in der Neuzeit auch Haeckel (1834—1919). Für Kant (1724 bis 1804) ist der H. der „Tod aller Naturphilosophie".

Hyperästhesie (gr. *hypér aisthēsis*): krankhaft gesteigerte Erregbarkeit der Sinne, Steigerung der Empfindung. Ggstz.: Anästhesie.

Hypnose (gr. *hýpnos*): durch psychische Einwirkung (meist Suggestion) künstlich hervorgerufener Schlafzustand, in dem gegenüber dem gewöhnlichen Schlaf der Hypnotisierte den Suggestionen des Hypnotisierenden folgt, z. B. befohlene Handlungen automatisch ausführt.

hypostasieren (gr. *hypo—stasis*): vergegenständlichen, selbständig machen, zur Substanz machen.

Hypothese (gr. *hypóthesis*): Eine Hypothese ist eine logische Aussage, deren Gültigkeit man zwar für möglich hält, die aber ggf. noch bewiesen oder verifiziert werden muss. Voraussetzung, Bedingung, Annahme; im Besonderen naturwissenschaftlich: Annahme eines der Erfahrung nach wahrscheinlichen Prinzips zur Erklärung einer Gruppe von ähnlichen Naturerscheinungen. Die H. ist umso wahrscheinlicher, je mehr Erscheinungen das Prinzip zu erklären gestatten; sie wird zur Theorie, wenn eine lückenlose Erklärung möglich ist. Jede H. bedarf beständiger Nachprüfung, sie muss durch eine bessere ersetzt werden, wenn Einwendungen gegen sie möglich sind.

hypothetisch (s. Hypothese): bedingungsweise gültig, fraglich. Ein h. Schluss ist ein Schluss, bei dem wenigstens der Obersatz ein h. Urteil ist. Dieses ist ein Urteil, bei dem die Gültigkeit des Nachsatzes von der des Vordersatzes abhängt; seine Form ist: Wenn A ist, ist B.

Hysteron—Proteron (gr.) wird ein Beweisfehler genannt, den man begeht, wenn man einen Satz aus dem ableitet, was durch ihn erst zu beweisen ist.

Ich: Bewusstseinsform, Bewusstseinseinheit, Selbstbewusstsein, gleichbleibendes Subjekt des Denkens, Fühlens, Wollens. Das empirische Ich ist das persönliche, individuelle Ich mit seinen wechselnden Erlebnissen. Allen persönlichen Ichs liegt gemeinsam zugrunde die Zusammenhang schaffende (synthetische) Einheit des Bewusstseins oder das transzendentale Ich. Fichte (1762—1814) wählte zum Ausgangspunkt seiner Philosophie das absolute Ich = Selbstbewusstsein = Identität von Subjekt und Objekt.

ideal (gr. und lt. *idéa*): 1. mustergültig, vorbildlich, dem Ideal entsprechend; 2. = ideell: nur in der Vorstellung des Subjekts begründet oder vorhanden, nicht wirklich; Ggstz.: real.

Ideal (gr. und lt. *idéa*): Vorbild, Musterbild, erstrebenswertes Ziel.

Ideal-Realismus: Diejenige erkenntnistheoretische Ansicht, nach der die wahrgenommenen Gegenstände als solche nur ideal (Wahrnehmungen, Vorstellungen) sind, aber doch eine vom Erkennen unabhängige Wirklichkeit (ein An-sich) haben, deren Ordnungen der Grund für die Bestimmtheiten der Erscheinungen sind. Vertreter dieser Ansicht sind z. B. Herbart (1776—1841), Fechner (1801—1887), Busse (1862—1907), Külpe (1862–1915), Wundt (1832—1920).

Idealismus (s. Ideal) 1. erkenntnistheoretisch: diejenige Ansicht, nach der alle Erfahrungsgegenstände nur Bewusstseinsinhalte, alles Sein nur Bewusstsein, die Außenwelt nur Vorstellung eines Subjekts ist. Ggstz.: Realismus, phänomenalismus. Dabei nimmt der subjektive I. Das persönliche Bewusstsein des Erkennenden, der objektive I. ein allgemeines Bewusstsein oder Ich zum Ausgangspunkt. Jenen vertritt z. B. Berkeley (1685 bis 1753), v. Schubert-Soldern (1852–1924), diesen z. B. Fichte (1762 bis 1814), Hegel (1770—1831), Schelling (1775—1854). Der kritische oder transzendentale I. Kants (1724—1804) ist ein formaler I., der die Formen der Erkenntnis aus dem Geist stammen, den Stoff der Erkenntnis durch die Sinne gegeben sein lässt, an der Realität der Außendinge festhält; 2. metaphysisch: die Ansicht, dass nur der Idee, dem Geistigen wahre Wirklichkeit zukommt, dass der Urgrund alles Seins und Geschehens geistiger Art ist. Ggstz.: Materialismus. Wird die materielle Welt abgeleugnet, werden nur Geister und deren Vorstellungen anerkannt, so nennt man den I. besser Spiritualismus (Immaterialismus). Verschiedene idealistische Systeme stellten auf z. B. Plato (427—347), Leibniz (1646 bis 1716), Berkeley (1685—1753), Schopenhauer (1788—1860). Auch der I. Lichtes, Hegels, Schellings ist metaphysisch; 3. ethisch: Anerkennung sittlicher Ideale; 4. ästhetisch: die Ansicht, dass das Schöne in der Idee liegt, die sich in der Erscheinung offenbart. — Vertreter des I. heißen Idealisten.

Idealität (s. ideal) bedeutet erkenntnistheoretisch: das Bedingtsein durch ein Bewusstsein, Subjektivität. Nach Kant (1724—1804) haben die Anschauungsformen (Raum und Zeit) transzendentale I., d. h. sie gehören zu unserer Vorstellung von den Dingen, nicht zu ihnen selbst; haben aber dennoch empirische Realität, d. h. sie gelten von aller möglichen Erfahrung der Dinge, sie sind ebenso wirklich, wie die Erfahrungsgegenstände, die nur in ihnen erscheinen können.

Idee (gr. *idéa*). 1. Im Sinne Platos (427—347), von dem der Ausdruck stammt, sind I. Allgemeinbegriffe, Gattungsbegriffe, die das bleibende, vom Wechsel der sinnlichen Erscheinung unberührte Wesen der Dinge ausdrücken; sie sind das unkörperliche Sein, also nicht nur Muster, Vorbilder für das Einzelne, in dem das Wesen stofflich angedeutet ist, sondern wahre Wirklichkeit. Die oberste I. ist die des Guten, die auch Weltvernunft oder Gott genannt wird. 2. In der neueren Philosophie (in Frankreich und England) z. B. bei Descartes (1596 bis 1650) und Locke (1632—1704) bedeutet I. im Allgemeinen soviel wie Vorstellung, worunter alles, was Gegenstand des Bewusstseins oder Denkens sein kann, zu verstehen ist. Bei Hume (1711—1776) ist I. = Vorstellung das, was von einem Eindruck in der Erinnerung zurückbleibt. 3. Bei Kant (1724—1804) sind I. Vernunftbegriffe, die aus dem natürlichen Streben des Verstandes nach systematischem Abschluss (aller Bestimmungen über die Welt, über die Seele, über das göttliche Wesen) entspringen; sie haben, soweit sie sich auf das Unbedingte richten, keine objektive Gültigkeit. Als Forschungsregeln, als regulative Prinzipien, sind die I. bedeutungsvolle Aufgaben und Gesichtspunkte für die wissenschaftliche Arbeit. 4. Bei Hegel (1770—1831) ist I. Das Subjekt des Weltprozesses. 5. Bei Schopenhauer (1788—1860) sind I. die ewigen Formen der Erscheinungsarten des Willens, sie sind Objekte interesseloser Anschauung und interesselosen Denkens.

Identität (gebildet von lt. *idem*): Selbigkeit, Einerleiheit. In der Logik versteht man unter I. zweier Begriffe deren Übereinstimmung in Inhalt und Umfang. Satz der I. (principium identitatis) s. Denkgesetze.

Identitätsphilosophie oder Identitätslehre (s. Identität) ist die metaphysische Lehre, welche den Unterschied zwischen Körper und Geist zwar voll anerkennt, beide aber nur als verschiedene Seiten oder Ansichten oder Erscheinungsweisen einer und derselben Wirklichkeit, eines und desselben Wesens (des Absoluten, der unendlichen Substanz) auffasst. Vertreter dieser Lehre sind z. B. Spinoza (1632—1677), Fichte (1762 bis 1814), Hegel (1770—1831), Schelling (1775—1854), E. v. Hartmann (1842—1906).

Ideologie (s. Idee + gr. *lógos*) ist die Bezeichnung (von Destutt de Tracy stammend) für die sensualistische Philosophie Condillacs (1715 bis 1780) und ihre Fortsetzung zur Zeit der Französischen Revolution und des ersten Kaiserreichs. Die I. ist psychologische Zergliederung und Lehre von der Bildung der Ideen, sie verwirft die Metaphysik und stützt sich auf Psychologie und Anthropologie. Sie will auf dieser Grundlage praktische Regeln für Pädagogik, Ethik und Politik geben. Als Ideologen (Vertreter der I.) seien genannt z. B.

Destutt de Tracy (1754—1836), Cabanis (1757—1808). — Napoleon I. bezeichnete politische Schwärmer als Ideologen.

ideomotorische Handlungen sind solche Handlungen, die ohne unser Wollen durch Wahrnehmung eines Reizes oder durch eine Zielvorstellung ausgelöst werden.

Idiosynkrasie (gr. *idios sýnkrasis*): eigenartige Neigung oder Abneigung gegen bestimmte Einflüsse, Reize.

Idol (gr. *eidōlon*): Trugbild. Baron (1561—1626) bezeichnet mit I. Trugbilder oder Vorurteile, Irrtümer, die beseitigt werden müssen, um zur Erkenntnis zu gelangen. Er unterscheidet vier Arten von Trugbildern: 1. Trugbilder der Gattung (idola tribus) nennt er Irrtümer, die in der menschlichen Natur begründet sind, z. B. Sinnestäuschungen, Vermutung von Zwecken in der Natur, Anlegung menschlichen Maßstabes usw.; 2. Trugbilder der Höhle (idola specus) nennt er persönliche Vorurteile 3. Trugbilder des Marktes (idola fori) nennt er Irrtümer der Sprache, die dadurch entstehen, dass Worte für Dinge genommen werden; 4. Trugbilder des Theaters (idola theatri) nennt er Irrtümer infolge blinden Glaubens philosophischer Überlieferung.

Ignorabimus (lt.) = wir werden es nicht wissen; s. Welträtsel.

Illusion (lt. *illusio*): Selbsttäuschung, die entsteht, wenn ein Sinnesreiz infolge lebhafter Einbildung falsch aufgefasst wird.

Illusionismus (s. Illusion): der Standpunkt, dass alles nur Täuschung, Schein ist, dass das Dasein keinen wirklichen Wert hat und auch die sittlichen Werte nur Scheinwerte sind. Auf diesem Standpunkt steht z. B. Schopenhauer (1788—1860).

immanent (lt. *immanens*): innerhalb eines Bereiches (z. B. des Subjekts, Bewusstseins, der Erfahrung, Erkenntnis, einer Sache) bleibend, nicht darüber hinausgehend. Ggstz.: transzendent. Spinoza (1632—1677) nennt Gott die i. Ursache aller Dinge (der Welt), d. h. Gott existiert nirgends als in den Wirkungen, den Dingen. Durch Kant (1724—1804) erhält i. die Bedeutung: innerhalb der Erfahrung bleibend.

Immanenz (s. immanent): Immanentsein, Innewohnen, Enthaltensein in etwas. Ggstz.: Transzendenz.

Immanenzphilosophie (s. Immanenz + Philosophie) ist die idealistische Philosophie, für die der unmittelbar gegebene Bewusstseinsinhalt Erfahrungsstoff, alles Wirkliche Inhalt eines allgemeinen Bewusstseins ist. Vertreter dieser Richtung sind z. B. Schuppe (1836 bis 1913), Rehmke (1848–1930), Kauffmann (†1896).

immateriell (frz. *immatériel*): unkörperlich, stofflos. Ggstz.: materiell.

Immaterialismus (= Spiritualismus) nennt Berkeley (1685—1753) seine Lehre, dass es keine körperliche Substanz, keine von unserem Bewusstsein unabhängige Körperwelt gibt, sondern nur geistige Substanzen und deren Vorstellungen.

Immoralismus (lt. *in moralis*) s. Amoralismus.

Imperativ (lt. *imperativus*) ist bei Kant (1724—1804) eine allgemeingültige praktische Vorschrift (Gebot) im Ggstz. zum persönlichen Grundsatz (Maxime). Kant nennt den I. hypothetisch, wenn er nur unter gewissen Bedingungen gilt, kategorisch, wenn er unbedingt gilt. Der kategorische I. lautet bei Kant: „Handle so, dass die Maxime deines Willens jederzeit zugleich als Prinzip einer allgemeinen Gesetzgebung gelten könne."

implizite (lt. *implicite*): eingeschlossen, einbegriffen. Ggstz.: explizite.

Impression (lt. *impressio*): Eindruck, Sinneseindruck. Nach Hume (1711—1776) unterscheiden sich I. (Sinneswahrnehmungen, Affekte, Wünsche, Willensregungen) von Ideen (Abbildern oder Kopien der I.) durch Stärke und Lebhaftigkeit.

Impressionismus nennt Riehl (1844–1924) die erkenntnistheoretische Lehre, welche nur die Empfindungen (I.) für wirklich hält. Der künstlerische Impressionismus sieht in der Wiedergabe der unmittelbaren Sinneseindrücke die Aufgabe der Malerei.

inadäquat (lt. *in adaequatus*): unangemessen, nicht entsprechend, nicht übereinstimmend. Ggstz.: adäquat.

Indeterminismus (lt. *in de— termino*): die Ansicht, dass der menschliche Wille frei sei. Ggstz.: Determinismus.

Indifferenz (lt. *indifferens*): Gleichgültigkeit, Unterschiedslosigkeit. Nach Schelling (1775 bis 1854) ist das Absolute die I. von Subjekt und Objekt, von Idealem und Realem, also das, was noch nicht in diese gespalten ist, die absolute Identität beider.

indiscernibilium, pricipiumidentitatis (lt.): Satz der Identität des Ununterscheidbaren. Mit diesem Satz stützt Leibniz (1646—1716) seine Behauptung, dass es nicht zwei ganz gleiche Monaden geben könne, denn als ununterscheidbar wären sie identisch. Kant (1724—1804) bemerkt hierzu, dass Dinge trotz innerer Übereinstimmung nicht identisch sind, wenn sie dem Orte nach unterschieden sind.

Individualbegriff (s. Individuum + Begriff) ist ein Begriff, der sich nur auf ein Individuum, einen Gegenstand bezieht.

Individualismus (s. Individuum): diejenige ethische Richtung, die einzelne Menschen (Individuen) als Objekt sittlichen Handelns ansieht.

Gilt als Objekt die handelnde Person selbst, so redet man von Egoismus. Gelten andere Personen als Objekt, so redet man von Altruismus Vertreter des I., Individualisten genannt, sind z. B. Sokrates (469 bis 399), die Stoiker, Epikureer, Spinoza (1632—1677), Hobbes (1588—1679), Descartes (1596—1650), Leibniz (1646—1716), Hutcheson (1694 bis 1747), Shaftesbury (1671—1713), Hume (1711—1776), Kant (1724 bis 1804), Fichte (1762—1814), Herbart (1776—1841), Schopenhauer (1788 bis 1860), Lotze (1817—1881).

Individualpsychologie (s. Individuum + Psychologie) 1. Psychologie des einzelnen Menschen, im Ggstz. zur Völkerpsychologie; 2. Psychologie der individuellen Verschiedenheiten.

Individuation (s. Individuum): Besonderung des Allgemeinen in Einzelwesen, Individuen.

Individuum (lt. *in—dividuum*): Einzelwesen. Individuell: eigentümlich, eigenartig, persönlich.

Induktion (lt. *inauctio*): Gewinnung des Allgemeinen aus dem Besonderen, allgemeiner Sätze (Gesetze) aus den gegebenen Tatsachen. Ggstz.: Deduktion. Induktionsschluss ist ein Schluss von einer begrenzten Anzahl von Fällen einer Gattung auf alle Fälle derselben. Sokrates (469—399) benutzte als Erster die I. zur Begriffsbestimmung. In der neueren Philosophie forderte Baron (1561—1626) die I. oder die induktive Methode als Forschungsmethode. Auch St. Mill (1806 bis 1873) hielt die I. für die einzig fruchtbare Methode aller Wissenschaften; seine bedeutendste Leistung ist die Feststellung von vier induktiven Methoden der experimentellen Forschung. Dem Empirismus eignet die I., dem Rationalismus die Deduktion. Induktiv: der I. gemäß, durch I., vom Besonderen ausgehend; Ggstz.: deduktiv.

Inertialsystem: raum-zeitliches Bezugssystem, in dem sich kräftefreie Körper geradlinig und gleichförmig bewegen.

Inflation, Kosmologie: Phase extrem rascher Expansion des Universums, mutmaßlich in den ersten Augenblicken der kosmischen Evolution.

influxus physicus (lt.): physischer Einfluss (an die Seele), Wechselwirkung zwischen Leib und Seele. Solche Wechselwirkung nahm z. B. Descartes (1596—1650) an. Seine Nachfolger leugneten sie, z. B. die Okkasionalisten Geulincx (1624—1669) und Malebranche (1638—1715), ferner Spinoza (1632—1677); auch Leibniz (1646—1716) bestritt sie.

Information: Muster von Materie oder einer Energieform, die für einen physikalischen Prozess eine bestimmte Bedeutung besitzt, indem es die Art und Weise einer Wechselwirkung steuert. Information benötigt

innerhalb der Raumzeit (s. d.) immer einen energetischen oder materiellen Träger. Nichtlokale Information, d. h. außerhalb der Raumzeit (, soweit sie existiert), ist trägerlos und damit direkt äquivalent zu Energie (= Substanzinformation). – Bei der lokalen Information kann man drei Arten unterscheiden:
1. Statistische Information, z. B. Farbe, Gewicht oder Eigenschaften von physikalischen Körpern.
2. Wissen, z. B. Eigenschaften und Begriffe, die im Gehirn gespeichert sind. W. Ist eine abstrakte Informationsart mit abstrakter Bedeutung.
3. Strukturinformation, z. B. Steuerungsinformation für physikalische Prozesse in der Natur, der Biologie oder der Technik. S. ist eine Informationsart, die immer in Verbindung mit einer Wechselwirkung (s. d.) auftritt.

Informationstheorie: mathematische Theorie aus den Bereichen Wahrscheinlichkeit und Statistik, die sich mit Informationsübertragung, Entropie, Information und Codierung beschäftigt. Die I. wurde von Shannon (1916–2001) begründet. Zwischen der I. und der Entropie (s. d.) existiert ein wichtiger Zusammenhang.

Inhalt eines Begriffes, s. Begriff.

Inhärenz (lt. *inhaerens*): das Anhaften der Eigenschaften (Modi, Akzidentien) an ihrem Träger, der Substanz.

Innervation (frz. *innervation*): Nervenerregung, auch das Durchzogensein mit Nerven.

Instinkt (lt. *instinctus*): Naturtrieb, ererbter tierischer Trieb zu Handlungen, die der Erhaltung des Individuums und der Gattung dienen. In der Fachliteratur wird heute für I. meist der Ausdruck „angeborenes Verhalten" verwendet.

Instrumentalismus (lt. *instrumentum*) nennt sich auch der Pragmatismus, da er Wahrheit als Brauchbarkeit auffasst.

Integration (lt. *integratio*): Wiederherstellung, Zusammenschluss. Die Entwicklung besteht nach Spencer (1820—1903) in I. und damit verbundener, gleichzeitiger Differenzierung (Besonderung, Gliederung). Jene besteht in der Bildung eines zusammenhängenden Ganzen, diese besteht in der Gliederung eines unbestimmten Gleichartigen in bestimmte ungleichartige Teile. Beispiel: die Entwicklung unseres Planetensystems aus dem Urnebel. Vgl. Kant-Laplacesche Hypothese.

Intellekt (lt. *intellectus*): Verstand, Geist, Vernunft, Denkvermögen.

Intellektualismus (s. Intellekt) 1. erkenntnistheoretisch: = Nationalismus (s. d.); Ggstz.: Empirismus, Sensualismus,- 2. psychologisch: die Ansicht, dass die wesentliche Eigenschaft oder Tätigkeit der Seele das Denken und Vorstellen sei; Ggstz.:

Voluntarismus. Vertreter sind z. B. Descartes (1596—1650), Spinoza (1632—1677), Leibniz (1646—1716), Hegel (1770—1831); 3. ethisch: die Ansicht, dass der Wille durch vernünftige Einsicht und Überlegung zu bestimmen sei; Ggstz.: Gefühlsmoral. Vertreter sind z. B. Sokrates (469 bis 399), Plato (427—Z47), Aristoteles (384—322), die Stoiker, Thomas v. Aquino (1225—1274), Hobbes (1588 bis 1679), Cudworth (1617—1688), Clarke (1675—1729), Leibniz (1646 bis 1716), Wolff (1679—1754), Kant (1724—1804), Hegel (1770—1831).

intellektuell (frz. *intellectuel):* geistig. I. Anschauung = intuitiver Verstand, s. Anschauung.

intelligibel (lt. *intelligibilis*): übersinnlich, nur denkbar. Ggstz.: sensibel. Bei Kant (1724 bis 1804) bedeutet die i. Welt (mundus intelligibilis) die Welt der Dinge an sich, die sensible Welt (mundus sensibilis) die Welt der Erscheinungen.

Intensität (frz. *intensité*): Stärke, Stärkegrad.

Intensiv: innerlich, kräftig, wirksam.

Intention (lt. *intentio*): Absicht, Willensmeinung, Richtung der Seele auf etwas.

intentional (s. Intention) heißt die Beziehung auf ein Objekt.

Interferenz: Überlagerung von zwei oder mehr Wellen nach dem Superpositionsprinzip. Es kommt entweder zu einer Verstärkung oder Verminderung der Intensität. Das Auftreten von Interferenz erkennt man an abwechselnden Maxima und Minima in der Intensität.

Interpolation (lt. *interpolo*) nennt Liebmann (1840—1912) das Ausfüllen von Beobachtungslücken durch Denkzutaten zwecks Herstellung eines lückenlosen Zusammenhanges.

Intoleranz (lt. *in—tolerantia*): Unduldsamkeit gegen Andersdenkende oder Andersgläubige. Ggstz.: Toleranz.

Introjektion (lt. *intro icio*): Hineinlegung des eigenen Inneren in die Objekte der Außenwelt im Akt der Wahrnehmung oder des Denkens. Der Ausdruck stammt von Avenarius (1843—1896), der in der I. den Grund der Spaltung in Subjekt — Objekt, Innenwelt—Außenwelt, der Verdoppelung der Welt sieht. In der Beseitigung dieser Spaltung, die eine Verfälschung der Wirklichkeit sei, durch Zurücknahme der I. sieht Avenarius die Aufgabe der Wissenschaft.

Introspektion (lt. *intro—spicio*): innere Beobachtung. Selbstbeobachtung, Beobachtung der eigenen seelischen Erlebnisse. Introspektiv: die eigenen seelischen Erlebnisse beobachtend, selbstbeobachtend.

Intuition (frz. *intuition*): Anschauung, namentlich denkendes Schauen im Sinne von unmittelbarer

Einsicht. Intuitionismus in der Ethik = Apriorismus (s. d.).

intuitiv (s. Intuition): anschaulich, unmittelbar gewiss Ggstz.: diskursiv.

Ionen sind geladene Atome chemischer Elemente und damit wesensverschieden sowohl von neutralen Atomen wie von vollständigen Molekülen. Sie sind in einer verdünnten Lösung als freie Ionen vorhanden infolge der automatischen Dissoziation, der diese Lösungen unterliegen, und zwar desto erheblicher, je verdünnter die Lösung ist. Der Vorgang der Spaltung der Moleküle in Ionen heißt Ionisierung, sie findet auch in andern Fällen statt, namentlich durch Bestrahlung, z. B. mit Röntgenstrahlen, insbesondere auch in der Atmosphäre. — Infolge ihrer Ladung werden die Ionen durch den elektrischen Strom in Bewegung gesetzt. Wasserstoff und die Metalle bilden positive, die andern Elemente im allgemeinen negative Ionen, insbesondere die Halogene und die Elemente der Schwefelgruppe. In leitenden Gasen kann man mithilfe der Erscheinung der Nebelbildung, bei der sich um jedes Ion ein Wassertröpfchen bildet, die Ionen gewissermaßen sichtbar machen und Zählungen und Messungen an ihnen vornehmen.

Irradiation (lt. *in radio*): Ausstrahlung, Ausbreitung der Erregung auf die Umgebung einer gereizten Stelle. So erscheint z. B. ein weißes Quadrat auf dunklem Grund größer als ein gleichgroßes dunkles Quadrat auf weißem Grund.

irrational (lt. *ir—rationalis*): unvernünftig, alogisch.

Kabbala (hebräisch) heißt eigentlich: mündliche Überlieferung, dann: die im Mittelalter entstandene, vom Neuplatonismus beeinflusste jüdische Geheimlehre (Mystik).

Kältepunkte s. Temperatursinn.

Kant-Laplacesche Hypothese ist ein von Kant (1724—1804) im Jahre 1755 und unabhängig von ihm von Laplace (1749—1827) im Jahre 1796 gemachter Erklärungsversuch der Entstehung des Sonnensystems und der Entwicklung des Weltganzen. Nach Kant, mit dem Laplace im wesentlichen übereinstimmt, war ursprünglich ein Dunstball Sternennebel (Nebularhypothese) vorhanden, auf den Anziehungs- und Abstoßungskräfte wirkten und der in Umdrehung geriet. Durch Gravitation bildete sich ein Zentralkörper, von dem infolge fortschreitender Abkühlung, Zusammenziehung und schnellere Umdrehung Massenteile absprangen, aus denen das Planeten- und Trabantensystem hervorging.

Kantianismus ist die Philosophie Kants (1724—1804) und seiner Anhänger. Er ist gekennzeichnet durch den Apriorismus, Phänomenalismus, Kritizismus, Transzendentalismus = kritischen Idealismus, Formalismus,

Rigorismus, Primat der praktischen Vernunft, Indeterminismus, Ablehnung (transzendenter) Metaphysik.

Kardinaltugenden (lt. *cardinalis, cardo* + Tugenden): Grund- oder Haupttugenden, deren Plato (427 bis 347) vier unterschied: Weisheit, Willensenergie, Selbstbeherrschung, Rechtschaffenheit. Schleiermacher (1768—1834) nennt: Weisheit, Besonnenheit, Liebe, Beharrlichkeit.

Kartesianismus ist die Philosophie des Descartes = Cartesius (1596 bis 1650) und seiner Schüler. Er ist gekennzeichnet durch den methodischen Zweifel, durch das cogito ergo sum, d. h. durch die Seinsgewissheit des Bewusstseins, durch den Rationalismus, durch die mathematische Methode, durch den Dualismus, durch die Aufstellung der Klarheit und Deutlichkeit als Kennzeichen der Wahrheit, durch die Korpuskularphilosophie, durch die mechanistische Naturauffassung.

Kasuistik (frz. *casuistique*): Aufstellung und Entscheidung von Fällen, in denen ein Widerstreit der Pflichten eintritt.

Kategorie (gr. *katēgoria*): Grund- oder Stammbegriff des Verstandes, reiner Verstandesbegriff. Ggstz.: empirischer Begriff. Aristoteles (384—322) ist der eigentliche Begründer der Lehre von den K., welche als Grundformen der Aussage über das Seiende gelten sollen. Er nennt zehn K.: Substanz, Quantität, Qualität, Relation, Ort, Zeit, Lage, Haben oder Verhalten, Tun, Leiden. Die Stoiker nahmen vier, Plotin (205 bis 270) nahm wieder zehn, Augustin (354—430) sechs K. an usw. Von grundlegender Bedeutung war die Kategorienlehre für Kant (1724 bis 1804); denn die K. gehören zum Verständnis der Wahrnehmungen und begründen somit Erfahrung. Die Urteilslehre war für Kant der Leitfaden zur Entdeckung der K. Jeder der zwölf Urteilsarten entspricht danach eine K., die er wie die Urteile zu je dreien in vier Gruppen bringt. Kants Kategorientafel lautet: K. 1. der Quantität: Einheit, Vielheit, Allheit; 2. der Qualität: Realität, Negation, Limitation; 3. der Relation: Inhärenz und Subsistenz (Substanz und Akzidenz), Kausalität und Dependenz (Ursache und Wirkung), Gemeinschaft (Wechselwirkung); 4. der Modalität: Möglichkeit-Unmöglichkeit, Dasein-Nichtsein, Notwendigkeit—Zufälligkeit. — Die spekulativen Philosophen Fichte (1762—1814), Hegel (1770—1831), Schelling (1775 — 1854) sahen in den K. zugleich metaphysische Bestimmungen.

kategorisch (gr. *katēgorikos*): 1. aussagend, behauptend. Ein k. Urteil ist eine einfache Aussage: S ist P, oder: S ist nicht P; 2. unbedingt. In diesem Sinne bei Kants k. Imperativ (s. Imperativ) zu verstehen. In beiden Fällen ist Ggstz.: hypothetisch.

kausal (lt. *causa*): ursächlich.

Kausalität (s. kausal): Beziehung zwischen Ursache und Wirkung. Ursächlichkeit, Verhältnis der Ursache zur Wirkung, zureichender Grund der Veränderung. Das Prinzip oder der Grundsatz der K. besagt, dass jede Veränderung eine (bestimmte) Ursache hat, oder wie Kant (1724—1804) sich ausdrückt, dass alle Veränderungen nach dem Gesetz der Verknüpfung der Ursache und Wirkung geschehen. Nach Hume (1711—1776) werden wir bei regelmäßiger Aufeinanderfolge zweier Ereignisse durch Gewohnheit bestimmt, beim Eintreten des ersteren Ereignisses das andere zu erwarten; die Gewohnheit erwecke in uns den Glauben an die ursächliche Verknüpfung der Ereignisse, die vermeintliche Notwendigkeit dieser Verknüpfung sei aber nur eine subjektive, gedankliche Nötigung infolge Assoziation. Dagegen weist Kant nach, dass der Kausalitätsbegriff logischen Ursprung hat, ein reiner Verstandesbegriff (Kategorie) ist, der objektive Gültigkeit besitzt und Erfahrung erst ermöglicht.

Kausalnexus (lt. *causa nexus*): Verknüpfung von Ursache und Wirkung.

Keimblatt: erste Differenzierung eines Embryos in verschiedene Zellschichten, aus denen sich anschließend unterschiedliche Strukturen, Gewebe und Organe entwickeln.

Kernfusion: Kettenreaktion, welche die Bildung schwerer Atomkerne durch die Verschmelzung jeweils zweier leichterer Kerne zur Folge hat. Die K. ist die Ursache für das Leuchten der Sterne und insbesondere dafür, dass die Sonne Energie abstrahlt.

Kettenschluss (sorites): ein zusammengesetzter, aber dadurch verkürzter Schluss, dass sämtliche Prämissen aufeinanderfolgen und nur zuletzt der Schluss gezogen wird.

kinästhetische Empfindungen (gr. *kinéō aisthētós*): Empfindungen der Bewegung, Lage, Spannung, Kraft, Schwere. S. Bewegungsempfindungen.

Kinematik (gr. *kinēma*) = Phoronomie (s. d.). Kinetik (gr. *kinéō*): Lehre von den durch die Kräfte bewirkten Bewegungen der Körper.

Klassifikation (frz. classification): K. ist eine vollständige, den Umfang eines Begriffes erschöpfende Einteilung.

Koexistenz (frz. *coexistance*) = Simultaneität (lt. simul, davon simultaneus): Zugleichdasein, Gleichzeitigkeit.

Koinzidenz (lt. *co—in—cido*) der Gegensätze (coincidentia oppositorum): das Zusammenfallen, Aufgehobensein der Gegensätze. Hiermit bezeichnet Nikolaus Cusanus (1401 bis 1464) die Einheit der Gegensätze in Gott, der deshalb die absolute Wirklichkeit ist.

kollektiv (lt. *collectivus*): insgesamt, gemeinsam.

komparative Allgemeinheit (lt. *comparativus*): Allgemeinheit aufgrund des Vergleichens mehrerer ähnlicher Fälle oder durch Induktion erhaltene Allgemeinheit im Ggstz. zur apriorischen Allgemeinheit (= Allgemeingültigkeit). Die k. A. schließt Ausnahmen oder (als induktive Allgemeinheit) künftige Abweichungen nicht aus.

Komplementärfarben (lt. *complementum*) sind solche Paare von Farben (Spektralfarben), die gemischt bei hinreichender Intensität eine Weißempfindung auslösen. Solche Paare sind z. B.: Rot—Grün (blau), Orange-Himmelblau, Gelb-Indigoblau.

Komplikationen (lt. *com—plico*) nennt Wundt (1832—1920) die Verbindungen (simultanen Assoziationen) zwischen den Vorstellungen disparater, räumlich getrennter Sinnesgebiete, wobei aber jede einzelne Vorstellung in ihren Eigentümlichkeiten unterscheidbar bleibt und eine Vorstellung die herrschende ist. Gegenüber der Assimilation und Verschmelzung ist die K. die loseste Form simultaner Assoziationen. Am häufigsten entstehen K. durch Assoziation verschiedenartiger, gleichzeitiger Sinneseindrücke, die auf denselben Gegenstand bezogen werden. Beispiel: Gesicht- und Tasteindruck einer Dolchspitze.

Konditionismus (lt. *condicio*) nennt Verworn (1863–1921) seinen erkenntnistheoretischen Standpunkt, der den Ursachenbegriff als geheimnisvoll verwirft, statt Ursachen Bedingungen des Geschehens anerkennt.

Konklusion (lt. *conclusio*): Schlusssatz eines logischen Schlusses, logische Folgerung.

konkret (lt. *concretus*): wirklich, anschaulich, etwas Besonderes, Einzelnes bezeichnend. Ggstz.: abstrakt. S. a. Begriff.

Konsequenz (lt. *consequentia*): logische Folge, Folgerichtigkeit. S. a. Antezedenz.

konstitutiv (lt. *constitutivus*): bestimmend, wesentlich, objektiv gültig. Vgl. regulativ. K. Prinzip: grundlegender, objektiv gültiger Satz, also ein Grundsatz, der über das Objekt etwas aussagt, es bestimmt.

Konstruktion (lt. *constructio*) 1. mathematisch: Darstellung eines Begriffes in der Anschauung (Kant); 2. philosophisch: Gewinnung von Erfahrungserkenntnis aus Begriffen (Schelling). Auch Hegels Philosophie ist nichts als Begriffskonstruktion.

Konszientialismus (lt. *conscientia*): Bewusstseinsstandpunkt, Wirklichkeitsstandpunkt, derjenige erkenntnistheoretische Standpunkt, demzufolge das im Bewusstsein Gegebene, die wirklichen Empfindungen und Gefühle, Gegenstand der Realwissenschaften ist. Ggstz.: Realismus, phänomenalismus. Der K. umfasst alle Arten des erkenntnistheoretischen Idealismus (s. d.).

Kontemplation (lt. *contemplatio*): Beschaulichkeit.

Kontiguität (lt. *contiguus*): Berührung in Raum und Zeit.

kontingent (lt. *contingens*): benachbart, nahestehend.

Kontingenz (lt. *contingens*): Zufälligkeit.

kontinuierlich (lt. *continuus, continuo*): stetig. Kontinuität: Stetigkeit. Die K. des Bewusstseins ist Bedingung für das logische Denken, da ohne sie die vergleichend beziehende Tätigkeit des Denkens ausgeschlossen ist.

Kontradiktion (lt. *contradictio*): Widerspruch. Principium contradictionis = Satz des Widerspruchs (s. Denkgesetze). Contradictio in adiecto = Widerspruch im Beiwort; er entsteht, wenn einem Subjekt ein ihm widersprechendes Prädikat beigelegt wird, z. B. hölzernes Eisen.

kontradiktorisch (lt. *contra—dico*) heißen zwei entgegengesetzte Begriffe oder Urteile, von denen der (das) eine die Verneinung des anderen ist, z. B. gut – nicht gut. Demselben Subjekt kann ohne Widerspruch immer nur einer von zwei k. Begriffen als Prädikat beigelegt werden (s. a. Denkgesetze, konträr).

Kontraposition (lt. *contra—pono*): Stellenwechsel von Subjekt und Prädikat in einem Urteil, wobei das kontradiktorische Gegenteil (reine Verneinung) des Prädikats Subjekt wird und die Qualität des Urteils verändert wird; z. B. Alle Körper sind ausgedehnt — Nicht-ausgedehntes ist kein Körper.

konträr (lt. *contrarius*) heißen zwei Begriffe, die als Glieder einer Unterscheidung (in einer Reihe koordinierter Begriffe) am weitesten voneinander abstehen; z. B. in der Reihe: weiß — hellgrau — dunkelgrau — schwarz sind weiß und schwarz k. Begriffe. K. Urteile sind Urteile, zwischen denen ein drittes Urteil möglich ist. K. Urteile können daher beide falsch sein, während von kontradiktorischen Urteilen eins wahr sein muss.

Kontrast (frz. *contraste*): scharfes Abheben, Abstechen zweier Objekte voneinander, relativ größter Unterschied (von Empfindungen), größter Gegensatz (von Gefühlen). Kontrastgefühle nennt Wundt (1832—1920) aus Lust und Unlust gemischte Gefühle (z. B. Kitzelgefühl), bei denen bald diese, bald jene vorherrscht.

Konventionalismus (lt. *conventio*) nennt sich auch der Pragmatismus, insofern er Begriffe als geistige Vereinbarungen ansieht, die wir zwecks Ordnung unserer Vorstellungen treffen.

Konversion (lt. *conversio*): Umkehrung eines Urteils, indem Subjekt und Prädikat ihre Stellung wechseln;

sie kann mit oder ohne Veränderung der Quantität erfolgen; z. B.: „Alles Unrechte ist unerlaubt" — „Alles Unerlaubte ist unrecht"; „Kongruente Dreiecke sind flächengleiche Dreiecke" — „Einige flächengleiche Dreiecke sind kongruente Dreiecke". Eine besondere Art der K. ist die Kontraposition.

Konzentration (frz. *concentration*): Vereinigung in einen Punkt, Verdichtung, Einschränkung der Aufmerksamkeit auf bestimmte Vorstellungsinhalte.

Konzeption (lt. *conceptio*): Begriffsbildung, Auffassung, Erdenken, Zusammenfassung in Gedanken, Gedanke.

Konzeptualismus (lt. *conceptus*): die zwischen Nominalismus und Realismus im Universalienstreit vermittelnde Ansicht, dass das Allgemeine in den Begriffen existiert. Diese Ansicht vertrat z. B. Abälard (1079—1142), Wilhelm v. Occam (1270—1347), Locke (1632 bis 1704).

koordiniert (lt. *co, cum ordino*): beigeordnet; k. sind die Artbegriffe einer Gattung, der sie untergeordnet (subordiniert) sind, und die ihnen übergeordnet ist. koordination ist demnach das gegenseitige Verhältnis von Begriffen (Artbegriffen), die demselben höheren Begriffe (Gattungsbegriff) untergeordnet sind.

Kopenhagener Deutung: Die Kopenhagener Deutung ist eine Interpretation der Quantenmechanik, die 1927 von Niels Bohr und Werner Heisenberg während ihrer Zusammenarbeit in Kopenhagen formuliert wurde. Sie interpretiert die Werte, die das Quadrat der Wellenfunktion eines quantenmechanischen Systems liefert, als Wahrscheinlichkeit für dessen potenziell mögliches Verhalten. Erst im Augenblick der Messung wird die Entscheidung für ein tatsächliches Verhalten getroffen.

Korollar (lt. *corollarium*): Zusatz.

Korpuskularphilosophie (lt. *corpusculum*): die Lehre, dass die letzten Bestandteile der Körper kleine, wirklich nicht mehr teilbare, nach Größe und Gestalt verschiedene Körperstücke (Korpuskeln) sind. Die Korpuskeln sind also nicht die Atome (Demokrits). Hauptvertreter dieser Lehre sind z. B. Descartes (1596—1650), Gassendi (1592 bis 1655), Hobbes (1588—1679), Locke (1632—1704).

Korrelate (lt. *com, cum relata*): Wechselbegriffe, d. h. Begriffe, von denen der eine den anderen voraussetzt, z. B. Grund-Folge, Ursache—Wirkung, Berg-Tal. Korrelation: Wechselbeziehung Korrelativ: wechselbezüglich.

Korrelation: Eine Korrelation beschreibt das gemeinsame Auftreten von zwei oder mehr Merkmalen, Ereignissen oder Zuständen. Aus dem gemeinsamen Auftreten kann man nicht auf einen kausalen, ursächlichen Zusammenhang schließen, wie das folgende Beispiel zeigt: In Sommern mit hohem Speiseeisumsatz treten viele Sonnenbrände auf (der Speiseeisumsatz ist nicht ursächlich für die Sonnenbrände!).

kosmische Mikrowellenhintergrundstrahlung: eine das ganze Universum erfüllende Strahlung im Mikrowellenbereich, welche kurz nach dem Urknall entstanden ist. Sie gilt als die Restwärme des Urknalls.

Kosmologie (gr. *kosmologia*): Weltlehre, Lehre von der Weltentstehung (Kosmogonie), Wissenschaft vom Weltganzen. Die K. ist der allgemeine Teil der Naturphilosophie. Wissenschaftliche, mechanische Kosmogonien stellten auf z. B. Demokrit (etwa 460—370), in neuerer Zeit besonders Kant (1724 bis 1804) und Laplace (1749— 1827).

kosmologischer Beweis (s. Kosmologie) für das Dasein Gottes s. Gottesbeweise.

Kovalente Bindung: Form der chemischen Bindungen und als solche für den festen Zusammenhalt von Atomen in molekular aufgebauten chemischen Verbindungen verantwortlich.

Kraft: 1. In der klassischen Physik nennen wir die Ursache der Bewegungs- und Spannungserscheinungen oder Veränderungen K. Lebendige K. ist die Wucht eines bewegten Körpers, ist treffender gesagt: die Energie der Bewegung. Was insbesondere die Bewegungserscheinungen betrifft, so wird eine plötzlich auftretende oder sich plötzlich um ein Endliches ändernde Geschwindigkeit G als Wirkung eines Impulses I, eine dauernde Beschleunigung B als Wirkung einer dauernden Kraft K aufgefasst. Der Satz von der Erhaltung der K. richtiger: Satz von der Erhaltung der Energie, ist von Robert Mayer (1814 bis 1878) und von Helmholtz (1821 bis 1894) aufgestellt; er besagt, dass bei allen Verwandlungen der Betrag der Energie unverändert bleibt. 2. Im Allgemeinen wird K. häufig als Synonym für Wechselwirkung verwendet.

Kraftfeld ist die anschauliche oder mathematische Darstellung der Kraftverhältnisse in einem Raum. Die an einer Stelle des Feldes auf die Masse (oder Polstärke) einwirkende Kraft heißt Feldstärke. Die Stellen, von denen Kraft ausgeht, heißen Quellen, die, wo sie aus dem Feld verschwindet, Senken, beide zusammen Pole. Quantitativ wird eine Quelle durch ihre Ergiebigkeit, eine Senke durch ihren Konsum charakterisiert. Eine Linie, die in jedem ihrer Elemente die Richtung der augenblicklichen Kraft hat, heißt Kraftlinie. Die Abnahme der Kraft auf der Streckeneinheit heißt Gefälle oder Gradient. Die auf den Kraftlinien überall senkrechten Flächen heißen Niveauflächen oder Flächen gleichen Potenzials; in ihnen selbst wirkt gar keine Kraft. Aus den Niveauflächen wählt man solche aus, dass sich je zwei benachbarte immer um denselben Betrag des Potenzials unterscheiden. Unter den Kraftlinien wählt man so viele aus, dass die Zahl der durch die Einheit der Niveaufläche hindurchtretenden Linien gerade die Größe der Kraft an der betreffenden Stelle angibt.

Kreatianismus (lt. *creo*): die Ansicht, dass die Seele von Gott geschaffen und kurz vor oder bei der Geburt des Leibes von Gott mit dem Leib vereinigt werde. Vertreter dieser Ansicht, Kreatianer genannt, sind z. B. Arnobius († 327), Ambrosius (340—397), Augustin (354 bis 430), Petrus Lombardus († 1164), Thomas v. Aquino (1225—1274), Calvin (1509—1564), Lotze (1817 bis 1881). Ggstz.: Traduzianismus.

Kriterium (gr. *kritérion*): Kennzeichen, Prüfstein.

Kritik (gr. *kritiké*): Beurteilung, Prüfung nach Maßgabe der Anforderungen, die gestellt werden können. Kants (1724—1804) Hauptwerke sind die drei K.: 1. K. der reinen Vernunft = K. der Erkenntnis aus reiner Vernunft, 2. K. der praktischen Vernunft = kritische Moralphilosophie, 3. K. der Urteilskraft = kritische Ästhetik und Teleologie.

kritisch (s. Kritik): prüfend.

Kritizismus (s. Kritik): derjenige erkenntnistheoretische Standpunkt, der als Grundaufgabe aller Philosophie eine systematische Prüfung des Ursprungs, der Möglichkeit, Geltung und Grenzen der Erkenntnis fordert. In betreff der Frage nach dem Ursprung der Erkenntnis steht der K. zwischen Rationalismus und Empirismus, in betreff der Frage nach der Möglichkeit, Geltung und den Grenzen der Erkenntnis steht er zwischen Skeptizismus und Dogmatismus. Der philosophische K. beginnt mit Locke (1632—1704), der namentlich den Substanzbegriff prüft, wird fortgesetzt durch Hume (1711 bis 1776), der besonders den Kausalitätsbegriff prüft, und erreicht in Kant (1724—1804) seinen Hauptvertreter durch die Kritik der reinen Vernunft (1781).

Kymograph (gr. *kýma gráphō*) Vorrichtung zur auszeichnung der Pulskurve, Atmungskurve usw.

Kyniker: Anhänger des Antisthenes (444 bis um 370), der im Gymnasium Kynosarges (daher wohl der Name) zu Athen lehrte. Philosophie ist ihm gleichbedeutend mit Ethik, Tugend ist für ihn Bedürfnislosigkeit. Die Schüler des Antisthenes, z. B. Diogenes von Sinope († 323), übertrieben die Bedürfnislosigkeit praktisch bis zur Verachtung der Zivilisation, ein Bettlerleben führend. Dadurch erhielt das Wort: kynisch (unrichtig: zynisch): bedürfnislos schließlich die Bedeutung: kulturverachtend, ungesittet, spöttisch, schamlos.

Kyrenaiker: Anhänger des Aristipp von Kyrene (um 435—355), deren

Philosophie den rücksichtslosen Genuss (Hedonismus) lehrte.

Lamarckianismus ist die von Lamarck (1744—1829) stammende Form der Entwicklungslehre (deszendenztheorie), der zufolge Gebrauch und Nichtgebrauch der Organe artverändernd wirken, erworbene Eigenschaften vererbt werden, die Lebewesen anpassungsfähig sind.

Längenkontraktion: Phänomen der speziellen Relativitätstheorie. Für einen Beobachter sind Objekte umso kürzer, je schneller sie sich relativ zu ihm bewegen.

Lebensanschauung ist die Auffassung und Wertung des persönlichen (individuellen) und Gesellschaftlichen (sozialen) Lebens.

Lebensgeister (spiritus animales) nennt Descartes (1596—1650) die feinsten, feurigsten, beweglichsten, gasartigen Teilchen des Blutes, die sowohl Muskelbewegungen auslösen als auch in der Zirbeldrüse, dem Sitz der Seele, zwischen Seele und Leib vermitteln. Ähnliche Anschauungen fanden sich bereits im Altertum, z. B. bei den Stoikern.

Lebenskraft (vis vitalis) nennen manche Philosophen die (nicht mechanische) Ursache der Lebenserscheinungen. Die Auffassung der L. im Besonderen ist bei den einzelnen Philosophen verschieden, s. Dominanten, Entelechie, Psychoid. Eine L. nimmt an der Vitalismus.

legal (lt. *legalis* von *lex*): gesetzlich. Eine l. Handlung ist eine gesetzliche Handlung ohne sittlichen Antrieb; Ggstz.: moralische Handlung.

Leibnizianismus ist die Philosophie von Leibniz (1646—1716), gekennzeichnet durch Monadologie, Spiritualismus, Optimismus, prästabilierte Harmonie Rationalismus, Teleologie, Determinismus; besonders durch die ersten drei.

liberum arbitrium (lt.): freier Wille, Willensfreiheit.

Licht: s. elektromagnetische Welle.

Lichtsammelkomplex: (Antennenkomplex) Ansammlung von Membranproteinen in den fotosynthetischen Membranen von Organismen, die Fotosynthese betreiben.

Limitation (lt. *limes, limito*): Einschränkung. Ein limitierendes oder limitatives Urteil ist ein Urteil, in dem von einem Subjekt ein verneintes Prädikat bejahend ausgesagt wird; Beispiel: Die Seele ist nicht sterblich. Ein solches Urteil heißt auch ein unendliches.

Logik (gr. *logiké*): Wissenschaft von den Gesetzen des richtigen Denkens, von denjenigen Gesetzen des Denkens, die bei der Gewinnung wissenschaftlicher Erkenntnis befolgt werden. Die Psychologie behandelt zwar auch das Denken, doch nur in seiner Tatsächlichkeit, Gesetzmäßigkeit und Beziehung zu anderen seelischen Tätigkeiten. Die L. ist ein grundlegender Teil der Philosophie und Einleitung für alle Wissenschaften. Der Name: L. = Kunstlehre des Denkens rührt von den Stoikern her. Zu einer selbstständigen Wissenschaft erhob die L. Aristoteles (384—322). Sie wird gewöhnlich in Elementarlehre und Methodenlehre eingeteilt; jene hat es mit den Elementen des Denkens; Begriff, Urteil, Schluss zu tun, diese handelt von den Methoden, die zu wissenschaftlicher Erkenntnis führen. Von dieser formalen L. unterschied Kant (1724—1804) die transzendentale L. Hiermit bezeichnet er den Teil seiner Kr. d. r. V., der im Ggstz. zur transzendentalen Ästhetik die Kategorien, Grundsätze und Vernunftideen behandelt. Da Hegel (1770—1831) Denken und Sein gleichsetzte, fiel für ihn L. und Metaphysik zusammen.

logisch (gr. *logikós*): zur Logik gehörig, folgerichtig.

Logismus (gr. *logismós*): 1. (logischer) Schluss, 2. rein logischer Standpunkt, die Annahme einer logischen Weltordnung.

Logos (gr. *lógos*): Wort, Gedanke, Begriff, Vernunft, Weltprinzip. Bei Heraklit (um 500 v. Chr.) hat der L. die Bedeutung eines Weltgesetzes, das nach Maß und Zahl verfährt, bei den Stoikern ist er auch gleichbedeutend mit Schicksal, bei Philo (20 v. bis 45 n. Chr.) und in der christlichen Philosophie ist er der Sohn Gottes.

Lokalisation (frz. *localisation*) der Empfindungen: Verlegung derselben an eine bestimmte Stelle unseres Leibes. Vgl. Projektion.

Lokalzeichen (lt. *locus*) heißt seit Lotze (1817—1881) die von der gereizten Stelle abhängige, eigentümliche Färbung der Empfindung des Tast- und Gesichtssinnes. Deshalb ermöglichen die L. die Lokalisation.

Lust ist ein Ausdruck für die Gefühle, die den befriedigten Bewusstseinszustand kennzeichnen. Lustlehre s. Hedonismus.

Mäeutik (gr. *maieutiké*): Hebammenkunst nannte Sokrates (469—399), der Sohn der Hebamme Phainarete, sein Verfahren, durch Fragen aus anderen das Wissen herauszuholen.

Magie (gr. *mageia*): Zauberkunst, die vermeintliche Kunst, die geheimen Naturkräfte und Geister sich dienstbar zu machen. In der Philosophie spielt die M. eine Rolle z. B. bei Agrippa von Nettesheim (1486—1535), Paracelsus (1493 bis 1541).

Makrokosmos (gr. *makrós kósmos*): die große Welt, die Natur, das Weltall. Ggstz.: Mikrokosmos.

Manichäismus ist der von dem Perser Mani oder Manes (3. Jahrh. n. Chr.) begründete religiöse Dualismus, nach dem sich zwei ewige Grundwesen, das Gute (das Licht, der Frieden, Gott) und das Böse (die Finsternis, der Streit, Satan), gegenüberstehen.

Manifestation (lt. *manifestatio*): Offenbarung.

Masse: Beharrungswiderstand der Körper gegen Bewegung.

material (lt. *materialis*): inhaltlich, sachlich. Ggstz.: formal.

Materialismus (lt. *materia*): derjenige Standpunkt in der Metaphysik, der das Körperliche, den Stoff, die Materie als das Seiende, als das Wesen aller Dinge ansieht. Die Lebenserscheinungen erklärt der M. mechanisch; die seelischen Erscheinungen erklärt er als physische Vorgänge (äquativer M.) oder als Eigenschaften des Stoffes (attributiver M.), oder als Wirkungen des Stoffes (kausaler M.). Ggstz.: Spiritualismus, Dualismus, Idealismus (Monismus). Vertreter des M. heißen Materialisten. Die alten ionischen Naturphilosophen, z. B. Thales (um 600 v. Chr.), Anaximenes (um 530 v. Chr.), waren nicht sowohl Materialisten, als vielmehr Hylozoisten, da sie den Stoff (Wasser, Luft), der als Weltprinzip gelten sollte, beseelt dachten. Der Begründer des eigentlichen M. ist Demokrit (etwa 460—370) mit seiner Lehre, alle Dinge seien ihrem wahren Wesen nach nichts als Verbindungen von Atomen, auch die Seele des Menschen, die aus den feinsten, glatten, runden, beweglichsten Atomen bestehe. Nachdem dieser M. durch Platos (427—347) Idealismus eine Zeit lang verdrängt war, fand die Lehre Demokrits Aufnahme- und Verbreitung durch Epikur (341 bis 270), dessen Lehre wieder durch Lukrez (98—55). Erneuert wurde dann Epikurs Lehre durch Gassendi (1592 bis 1655). Zur Blüte gelangte der M. im 18. Jahrh. in Frankreich besonders durch Lamettrie (1709 bis 1751) mit seiner Schrift: „Der Mensch eine Maschine" (L'homme machine) und durch Holbach (1723—1789) mit seinem Werk: „System der Natur" (Systeme de la nature), der sog. Bibel des M. In Deutschland kam der M. zur Blüte um die Mitte des 19. Jahrh., als die Philosophie durch das Fehlschlagen der Spekulationen Hegels und Schellings in Missachtung geraten war, besonders durch Vogt (1817—1895), Moleschott (1822 bis 1893), Büchner (1824—1899).

Materie (lt. *materia*): Stoff, 1. allgemein und erkenntnistheoretisch ist M. der ungeformte Stoff, Inhalt, alles, was Objekt einer Formung sein kann. Ggstz.: Form. Stoff und Form sind Korrelate; 2. metaphysisch ist M. der Wirklichkeitsgehalt der Körper. Während der Dualismus Körper (M.) und Geist als getrennte Wirklichkeitsbereiche ansieht, erklärt der Materialismus die M. als das allein Seiende. Ggstz.: Geist; 3. naturwissenschaftlich ist M. die beharrliche Substanz der Körper, der Träger der Erscheinungen. Sie ist der Inbegriff alles dessen, was sich durch Trägheit einerseits und durch Gewicht, allgemeiner durch Gravitation andrerseits geltend macht. Ein Komplex von

Materie, der bestimmte Form annimmt, heißt ein Körper. Diese Körper nehmen wir mithilfe unserer Sinnesempfindungen wahr; aber nicht alles, was wir wahrnehmen, hat körperlichen Charakter; vielmehr gehört dazu ein gewisser Dauercharakter. Da nun alles, was wir wahrnehmen bzw. empfinden, Energie ist, kann man sagen, dass Materie Dauerkonfiguration bzw. Kondensierung von Energie ist. Der Dauercharakter kann aber sehr verschiedene Grade annehmen, je nach der Geschwindigkeit, mit der Veränderungen eintreten, und er kann an den Grenzen sogar zweifelhaft werden (Gase, Wolken, Schall, Licht, Elektrizität). In entsprechendem Sinne kann man auch sagen: Materie ist Widerstand gegen Sinnesempfindung, und ein Körper ist ein „Gegenstand", d. h. er stellt sich der Empfindung entgegen; jedoch verhält sich ein und derselbe Gegenstand im Allgemeinen ganz verschieden gegen verschiedene Sinnesorgane (eine Fensterscheibe ist für den Tastsinn ein erheblicher, für den Gesichtssinn kein nennenswerter Gegenstand, gerade umgekehrt verhält sich dichter Nebel). — Außer den beiden Grundeigenschaften der Trägheit (passiv) und Schwere (aktiv) hat die Materie noch eine außerordentlich reiche qualitative Mannigfaltigkeit, deren Untersuchung Gegenstand der Chemie, Biochemie und Biologie ist.

materiell (frz. *matériel*): stofflich, körperlich. Ggstz.: ideell.

Maxime (lt. *maxima*): persönlicher (subjektiver) Grundsatz des Handelns, im Ggstz. zum allgemein verpflichtenden (objektiven) Gesetz (Sittengesetz, Imperativ).

Maxwell-Dämon ist ein vom schottischen Physiker James Clerk Maxwell 1871 veröffentlichtes Gedankenexperiment. Das Dilemma dieses Gedankenexperiments, dass der Energieerhaltungssatz möglicherweise verletzt wird, wurde von vielen namhaften Physikern bearbeitet und führte einige Jahrzehnte später zu der Erkenntnis, dass zwischen Information und Energie ein grundlegender Zusammenhang besteht.

Mechanik (gr. *mēchaniké*): derjenige Teil der Physik, der es mit der Lehre vom Gleichgewicht der Kräfte (Statik, besser Dynamik genannt) und der Lehre von den durch die Kräfte bewirkten Bewegungsvorgängen (Dynamik, besser Kinetik genannt) zu tun hat. Der Begründer der wissenschaftlichen M. ist Galilei (1564—1641).

mechanisch (gr. *mēchanikós*): 1. zur Mechanik gehörig, den Lehren der Mechanik entsprechend, durch Bewegung, durch Druck und Stoß hervorgebracht; 2. allein durch physische Ursachen bewirkt im Ggstz. zu psychisch, teleologisch, vitalistisch.

Mechanismus (gr. *mēchané*): 1. allgemein: innere Einrichtung einer Maschine, oder auch etwas, das wie eine Maschine eingerichtet ist; 2. metaphysisch: die Ansicht, dass alles Geschehen rein mechanisch, d. h. durch Kausalität (durch Ursache und Wirkung) und nicht durch Finalität zu erklären sei. Eine solche mechanische Naturauffassung vertreten z. B. Leukipp (5. Jahrh. v. Chr.), Demokrit (um 460 bis 370), Galilei (1564—1641), Hobbes (1588—1679), Newton (1642 bis 1727), Spinoza (1632—1677), ferner die Materialisten. Ggstz.: Teleologie, s. a. Finalität.

mechanistisch (s. Mechanismus): im Sinne des Mechanismus.

Megariker heißen die Anhänger des Euklid von Megara (um 400 v.Chr.), eines Schülers von Sokrates. Er lehrte, es gäbe nur ein unveränderliches Seiendes, das sei das Gute. Seine Schüler pflegten mehr die Kunst des Wortstreites, werden deshalb auch Eristiker genannt. Berühmt waren die Fangschlüsse des Eubulides und Alexinos (beide im 4. Jahrh. v. Chr.).

Merkmal: Element des Begriffes; es ist das Erfordernis für die Möglichkeit eines Begriffes.

Meta-Ziel: das Ziel hinter dem Ziel. Das Streben nach einem Erreichen eines definierten Zieles ist in der Regel kein Selbstzweck, sondern ermöglicht oder verkörpert die Erfüllung eines tiefer liegenden Bedürfnisses. Das Meta-Ziel ist der Wert oder der emotionale Zustand, den ein Individuum durch das Erreichen eines bestimmten Ziels zu erreichen versucht.

Metabolismus: Stoffwechsel.

Metamorphose (gr. *metamórphōsis*): Verwandlung.

Metapher (gr. *metaphorá*): Übertragung, bildlicher Ausdruck.

metaphorisch (s. Metapher): bildlich.

Metaphysik (gr. *metá physiká*) Lehre von den Prinzipien des Seins und Geschehens, Lehre vom wahren Sein und den letzten Gründen der Dinge, Weltanschauung; insofern sie über die Erfahrung hinausgeht, ist sie auch die Lehre vom Übersinnlichen (Transzendenten). Aristoteles (384—322) hatte die Wissenschaft vom Seienden als „erste Philosophie" bezeichnet. Da sie aber von Andronikos von Rhodus, dem Ordner der aristotelischen Schriften, hinter (metá) die Bücher der Physik (physiká) gestellt wurde, erhielt sie den Namen: M. Die Grundfragen der M. und die diesbezüglichen Standpunkte lassen sich im Großen und Ganzen folgendermaßen ordnen (nach Külpe):

A. Allgemeine Prinzipienfragen.

I. Auf die Frage nach der Zahl der Prinzipien antworten
   1. Singularismus,
   2. Pluralismus.

II. Auf die Frage nach der Be-

schaffenheit der Prinzipien antworten
1. in Betreff des Seins (ontologisches Problem)
   a) Materialismus,
   b) Spiritualismus,
   c) Dualismus,
   d) Monismus (Parallelismustheorie, Identitätslehre),
2. in Betreff des Geschehens
   a) Mechanismus,
   b) Teleologie.
III. Auf die Frage nach dem Wert der Welt, des Daseins und Geschehens antworten
   1. Pessimismus,
   2. Optimismus.

B. Besondere Fragen.

IV. Auf die Frage nach dem Begriff des höchsten Wesens (Gottes) antworten
1. Polytheismus,
2. Monotheismus,
   a) Deismus,
   b) Theismus,
   c) Pantheismus,
   a) Panentheismus,
3. Atheismus.
V. Auf die Frage nach der Willensfreiheit antworten
   1. Indeterminismus,
   2. Determinismus.
VI. Auf die Frage nach der Seele antworten
1. in Betreff ihres Wesens
   a) Substantialitätslehre,
   b) Aktualitätslehre;
2. in Betreff ihrer Grundeigenschaften oder -fähigkeiten
   a) Intellektualismus,
   b) Voluntarismus.

Kant (1724—1804) zeigte, dass es ein über die Erfahrung hinausgehendes Wissen nicht gibt, und lehnte insofern die M. als Wissenschaft ab. Viele Kantianer, ferner die Positivisten und Agnostiker verwerfen ebenfalls die M. Die spekulative M. umfasste z. B. bei Wolff (1679—1754) die Ontologie, Ätiologie und Teleologie.

metaphysisch (s. Metaphysik): zur Metaphysik gehörig, über die Erfahrung hinausgehend.

Metaphyten: im Gegensatz zu den einzelligen Protophyten die vielzelligen Pflanzen; sind aber von jenen nicht so scharf zu trennen wie die Metazoen von den Protozoen, da sehr vielerlei Übergänge vorhanden sind.

Metazoen: zweites Unterreich des Tierreichs (Gegensatz: Protozoen), vielzellige Tiere, deren Körper sich auf die Grundform der Gastrula zurückführen lässt und sich im einfachsten Fall aus zwei Zellenschichten, Ektoderm und Entoderm, aufbaut. Durch das Auftreten einer dritten Gewebeschicht (Mesoderm), durch vielfache Differenzierungen und Komplizierungen der 3 Gewebeschichten, sowie durch Veränderungen, welche die Primärachse und den Urmund der Gastrula betreffen, bildet sich die große Mannigfaltigkeit der Metazoenstämme aus.

Metempsychose (gr. *metá empsychóō*): Seelenwanderung.

Methode (gr. *méth—odos*): planmäßiges Verfahren der wissenschaftlichen Forschung oder des Handelns. Ohne M. keine Wissenschaft, kein Erfolg. Induktive M. s. Induktion, deduktive M. s. Deduktion. Methodenlehre s. Logik.

Methoden (s. Methode) zur Erforschung des Gedächtnisses oder zur Ermittlung der Gesetze für die Stärke oder Festigkeit von Assoziationen. Die bekanntesten M. Sind:

I. M. der Beschreibung. Man lässt die Versuchsperson über eine vorher gegebene Wahrnehmung später Aussagen machen.

II. M. der Wiedererkennung. Man lässt die Versuchsperson aus einer Reihe ähnlicher Objekte das früher wahrgenommene heraussuchen.

III. M. der Vergleichung. Man führt einzeln, nacheinander ähnliche Objekte vor und lässt die versuchsperson jedes Mal entscheiden, ob das vorgeführte Objekt mit einem früher wahrgenommenen identisch ist oder nicht.

IV. M. der Reproduktion. Bei ihnen soll die Versuchsperson das Behaltene selbst möglichst getreu Wiedergeben.

1. M. der behaltenen Glieder. Nach einmaliger Darbietung der zu lernenden Silben hat die Versuchsperson mitzuteilen, was sie behalten hat.

2. Erlernungsmethode. Die Versuchsperson sieht die zu lernende Silbenreihe so oft, bis sie dieselbe fehlerlos hersagen kann. Die nötige Wiederholungszahl und die gebrauchte Zeit gelten als Maß der Gedächtnisleistung.

3. Ersparnismethode. Eine früher bereits gelernte Silbenreihe wird nach einer Zeit wieder gelernt. Man stellt die Ersparnis an Wiederholungen infolge früheren Erlernens fest.

4. Treffermethode. Der Versuchsperson wird eine zu lernende Silbenreihe in bestimmter Wiederholungszahl vorgeführt. Dann werden einzelne Silben gezeigt, die darauf folgenden Silben hat die Versuchsperson immer zu nennen. Die Anzahl der richtigen Aussagen oder Treffer ist ein Maß für die Gedächtnisleistung.

5. M. der Hilfen. Die Versuchsperson sagt nach bestimmter Wiederholungszahl die erlernte Silbenreihe her. Die Anzahl der nötigen Einhelfungen oder Hilfen ist ein Maß der Gedächtnisleistung.

methodisch: planmäßig, in Bezug auf die Methode.

Methodologie (s. Methode): Methodenlehre. Methodologisch: auf die Methodenlehre bezüglich.

Metrik: mathematische Funktion, die je zwei Elementen (Punkten) eines Raumes einen Wert zuordnet, der als Abstand der beiden Elemente aufgefasst werden kann.

metrikfreies Vakuum (= Nichts): Ein m. V. ist ein nichtlokales (s. d.)

physikalisches Feld (, d. h. nicht zur Raumzeit gehörend), das außer einer zu Energie oder Materie äquivalente Information, sonst nichts enthält.

Micro Black Hole: Ein M. B. H. ist ein hypothetisches, sehr kleines und leichtes Schwarzes Loch (s. d.). Das Planck-Black-Hole ist so ein Micro-Black-Hole, mit der zusätzlichen Bedingung, dass sein Durchmesser unterhalb der Plancklänge $1{,}616199 \cdot 10^{-35}$ m liegt. Deshalb ist es unmessbar klein und kann somit nicht zu einer wissenschaftlichen Theorie gehören.

Mikrokosmos (gr. *mikrós kósmos*): die kleine Welt, der Mensch als Welt im Kleinen, als Spiegel des Weltalls. Ggstz.: Makrokosmos.

Mikrotubuli: röhrenförmige Filamente aus Proteinen, die einerseits für die mechanische Stabilisierung der Zelle, andererseits im Zusammenspiel mit anderen Proteinen für Bewegungen und Transporte innerhalb der Zelle sorgen.

Mitochondrium: von einer Doppelmembran umschlossenes Zellorganell mit eigener Erbsubstanz. Mitochondrien werden auch als die „Kraftwerke" der Zellen bezeichnet, weil in ihnen das energiereiche Molekül Adenosintriphosphat (ATP) gebildet wird.

Mitose: Zellkernteilung bei Zellen von eukaryotischen Lebewesen.

Mittelbegriff s. Schluss

Mnemotechnik (gr. *mnémē*) oder Mnemonik: die Kunst, die Leistung des Gedächtnisses durch gewisse Hilfsmittel zu erhöhen. Sie wurde schon im Altertum geübt, zuerst von Simonides (558—468), dann z. B. von den Sophisten, Aristoteles (384—322), Cicero (106—43), später von Bruno (1548—1600), Leibniz (1646—1716) u. a. Modalität (frz. modalites von lt. modus): Art und Weise des Seins, Geschehens-, Gedachtwerdens. Insbesondere versteht man unter der M. eines Urteils die Art seiner Gültigkeit. Die Verbindung von Subjekt und Prädikat im Urteil kann nämlich 1. als wirklich bestehend gelten (assertorisches Urteil): S ist P, 2. als möglich gelten (problematisches Urteil): S kann P sein, 3. als notwendig gelten (apodiktisches Urteil): S muss P sein.

Modifikation (lt. *modificatio* von *modi — fico*): Besonderung.

Modus (lt. *modus*): Art und Weise (des Seins, Geschehens, Handelns, Denkens). Bei Spinoza (1632 bis 1677) und Locke (1632—1704) sind die Modi die wechselnden, unselbstständigen Beschaffenheiten, Zustände der beharrlichen, selbstständigen Substanz; M. also gleichbedeutend mit Akzidenz.

Möglichkeit: Denkbarkeit, und zwar 1. gemäß den Gesetzen der Logik, also im Sinne von Widerspruchslosigkeit (formale M.); 2. gemäß der erfahrbaren Wirklichkeit (reale M.). Kant (1724—1804) versteht unter M. der Erfahrung oder möglicher Erfahrung den Inbegriff des Denkbaren am Gegenstand nicht etwa im psychologischen Sinne das Denkvermögen.

Molekülorbitaltheorie: Verfahren, um die Elektronenstruktur von Molekülen zu beschreiben. Dabei werden die Atomorbitale aller Atome vermischt. Diese teilen sich in bindende und antibindende von über das Molekül delokalisierten Orbitalen auf. Das Verfahren wird heute für die meisten quantenchemischen Rechnungen verwendet.

Monade (gr. *monás*): Einheit, von den alten Griechen gebraucht sowohl als Grundbegriff der Zahlenlehre als auch schon im metaphysischen Sinne zur Bezeichnung der letzten einfachen Wesenheiten der Dinge. Dieser Auffassung gemäß lehrte Giordano Bruno (1548—1600), dass alle Dinge aus körperlichen, beseelten M. bestehen. Der eigentliche Begründer der Monadenlehre (Monadologie) ist Leibniz (1646—1716). Nach ihm sind die M., aus denen die Dinge der Welt bestehen, unkörperliche, einfache, ewige, seelische, vorstellende, strebende, vollkommen selbstständige, unter sich verschiedene Krafteinheiten; sie sind metaphysische Punkte, psychische Atome, Entelechien. Die M. bilden gemäß der Klarheit und Deutlichkeit ihrer Vorstellungen eine lückenlose Stufenreihe.

Monadologie (gr. *monás lógos*): Lehre von den Monaden.

Monismus (gr. *mónos*) nennt man gewöhnlich im Ggstz. zum Dualismus denjenigen metaphysischen Standpunkt, der nur ein Prinzip des Seienden annimmt, sei es die Materie (Materialismus), der Geist (Spiritualismus) oder ein beides umfassendes Absolutes (Identitätsphilosophie). Treffender trennt man (Külpe) den M. vom Materialismus und Spiritualismus wegen der verschiedenen Beschaffenheit des Erklärungsprinzips als denjenigen metaphysischen Standpunkt (= Parallelismustheorie, Identitätslehre), dem zufolge Körperliches und Geistiges verschiedene, gleichberechtigte Erscheinungsweisen oder Seiten eines und desselben Wirklichen sind. Der konkrete M., vertreten durch die Hylozoisten, denkt dieses Wirkliche aus den beiden Seiten bestehend; der abstrakte M., vertreten z. B. durch Spinoza (1632—1677), denkt dieses Wirkliche als verschieden von den beiden Erscheinungsweisen.

Monotheismus (gr. *mónos théos*): Glaube an einen Gott. Ggstz.: Polytheismus.

Moral (lt. *moralis*): Sittlichkeit, auch Sittenlehre.

moral sense (engl.): moralischer Sinn, angeborenes Sittlichkeitsgefühl, moralischer Instinkt, moralisches Unterscheidungsvermögen. Shaftesbury (1671—1713) ist der Begründer der Lehre vom m. s.

Moralbeweis (s. Moral + Beweis) s. Gottesbeweise.

moralisch: sittlich, auf die Sittenlehre bezüglich. Eine m. Handlung ist eine Handlung aus sittlicher Gesinnung, aus Pflichtgefühl. Ggstz.: legal. Moralist: Sittenlehrer.

Moralität (s. Moral, frz. *moralite*): Sittlichkeit, Übereinstimmung des Willens mit dem Sittengesetz.

Moralphilosophie (s. Moral + Philosophie) = Ethik (s. d.).

Moraltheologie (s. Moral-Theologie) = Ethikotheologie (s. d.).

Morphogenetisches Feld: hypothetisches Feld, das als „formbildende Verursachung" für die Entwicklung von Strukturen in der Biologie, Physik, Chemie, verantwortlich sein soll.

Motiv (lt. *moveo*): Beweggrund, Triebfeder. Motivation: Willensbestimmung durch M., nach Schopenhauer (1788—1860) durch das jeweilig stärkste M. Die Motivation ist eine Art psychischer Kausalität, nach Schopenhauer die Kausalität von innen gesehen.

motorische Nerven (lt. *motorius* von *moveo*) sind diejenigen Nerven, die von Nervenzentren aus Reize auf Muskeln übertragen. Ein motorisches Gedächtnis ist ein Gedächtnis, das sich vornehmlich auf Bewegungsvorstellungen stützt.

mtDNA: Mitochondriale DNA, manchmal auch als Chondriom bezeichnet.

Multiversum: Gesamtheit aller Parallelwelten des Universums. Die Annahme von Parallelwelten (Mehrweltentheorie) wird in der Philosophie seit der Antike erörtert. Die Existenz eines M. Ist nicht bewiesen.

Muskelsinn: Fähigkeit zu Lage- und Bewegungsempfindungen. Die Empfindungen des M. werden meist kinästhetische Empfindungen oder Bewegungsempfindungen genannt.

Mutation (lt. *mutatio* von *muto*): Veränderung. Mit M. bezeichnet de Vries (1848–1935) die sprunghafte Entwicklung der Arten im Ggstz. zum Darwinismus, der eine allmähliche Entwicklung annimmt.

Mystik (gr. *mystiká*): diejenige Richtung in der Philosophie, die das Übersinnliche, Transzendente, Göttliche, das durch Sinn und Verstand nicht erkennbar ist, durch Versenkung in die Tiefe des Gemüts gefühlsmäßig erfassen, unmittelbar schauen will. In der Metaphysik hat die M. eine große Rolle gespielt. Ihre Vertreter heißen Mystiker. Zu ihnen gehören z. B. die Neuplatoniker, im Mittelalter, zur Blütezeit der deutschen M., z. B. Eckhart (1260 bis 1329), Suso (1300—1365), Tauler (1300—1361), später Jakob Böhme (1575—1624), unter den Philosophen nach Kant z. B. Baader (1765—1841) und von ihm angeregt auch Schelling (1775-1854).

Nachbild nennt man die durch Nachdauer der Nervenerregung bewirkte Gesichtsempfindung von einem Objekt, von dem der Reiz ursprünglich ausgegangen war. Das positive N. ist hell oder dunkel oder gleichfarbig wie das betrachtete Objekt; das negative N. hat die entgegengesetzte Heiligkeit wie das Original, oder erscheint bei farbigem Objekt in der Komplementärfarbe.

Nativismus (lt. *nativus* von *nascor*): Lehre vom Angeborensein gewisser Begriffe, Wahrheiten, Grundsätze. Der N. hat seine Vertreter unter den Rationalisten. Das a priori Kants (1724—1804) hat nichts mit N. zu tun, es hat logische oder transzendentale Bedeutung; s. a priori, Apriorismus. Ggstz. zu N. ist Empirismus.

natura naturans (lt.) ist ein scholastischer Ausdruck und heißt: naturierende Natur, so nennt Spinoza (1632 bis 1677) Gott als den Grund der Welt; natura naturata = naturierte Natur, so nennt Spinoza Gott als die Gesamtheit der Dinge.

Naturalismus (lt. *naturalis, natura*) : 1. metaphysisch: die Weltanschauung, die alles nach Maßgabe der äußeren Natur des natürlichen Geschehens auffasst und beurteilt ohne oder ohne genügende Berücksichtigung des Seelenlebens; vgl. Materialismus; 2. ethisch: Ableitung der Sittlichkeit aus den natürlichen Trieben des Menschen und dementsprechendes Eintreten für freie Entfaltung aller Anlagen. Vertreter dieses ethischen N. sind z. B. die Kyniker, Hobbes (1588—1679), Shaftesbury (1671—1713), Helvetius (1715—1771), Rousseau (1712 bis 1778), Nietzsche (1844—1900); 3. ästhetisch: die Richtung, die in der naturgetreuen, unverschönerten Wiedergabe der Gegenstände die Aufgabe der Kunst sieht.

Naturgesetz: s. Gesetz.

Naturphilosophie ist derjenige Teil der Philosophie, der sich einerseits mit den Grundbegriffen, Grundsätzen und Methoden der Naturwissenschaften beschäftigt, andererseits die Ergebnisse dieser Wissenschaften zu einem einheitlichen Gesamtbild zusammenzufassen sucht. Sie ist daher einerseits angewandte Erkenntnistheorie, andererseits ein besonderer Teil der Metaphysik, deren Fragen viel allgemeiner sind. Im Altertum war N. unter dem Namen Physik gleichbedeutend mit Naturwissenschaft, nicht anders war es im Mittelalter. Mit der Erneuerung der Naturwissenschaft durch Kopernikus (1473—1543), Kepler (1571 bis 1630), Galilei (1564—1641), Newton (1642—1727) wuchs das Interesse an naturphilosophischen Betrachtungen. Erst im 18. Jahrh. trennte sich die N. von der Naturwissenschaft. Doch wurde durch Hegel (1770—1831) und Schelling (1775—1854) die N. zu einer Konstruktion der Natur aus Begriffen, wodurch sie, in Widerspruch mit der Erfahrung geratend, ein jähes Ende erreichte. Die gegenwärtige N. steht in enger Fühlung mit der Naturwissenschaft und findet dadurch wieder Vertrauen und Interesse.

Negation (lt. *negatio* von *nego*): Verneinung. Negativ: verneinend. Ggstz.: affirmativ.

negative Merkmale (s. Negation): Merkmale, die im Fehlen von Eigenschaften bestehen.

Neovitalismus (gr. *néos* + Vitalismus): neue Lehre von der Lebenskraft (s. d.), s. a. Vitalismus.

Neukantianer sind diejenigen Philosophen, die nach dem Niedergang der Philosophie infolge der fehlgeschlagenen Spekulationen Hegels und Schellings wieder zu Kant (1724 bis 1804) zurückgekehrt sind, an seine kritische Philosophie angeknüpft haben und auf dieser in verschiedener Weise weiterbauen; sie sehen in der Erkenntniskritik und -theorie die Hauptaufgabe der Philosophie. O. Liebmann (1840—1912) und Fr. A. Lange (1828—1875) sind die Begründer dieser Richtung. N. verschiedener Färbung sind ferner z. B. Cohen (1842–1918), Natorp (1854–1924), Stammler (1856–1938), auch z. B. Riehl (1844–1924), Windelband (1848—1915) u.a.

Neuplatoniker heißen diejenigen Philosophen, welche die Hauptlehren der griechischen Philosophie, besonders Platos, mit Religion und Mystik verbanden. Der bedeutendste N. war Plotin (205—270).

Neuron (gr. *neúron*): Nervenzelle (Ganglion) mit ihren Fortsätzen, die zellulare Einheit des Nervensystems.

Neurotransmitter: biochemische Botenstoffe, die an chemischen Synapsen die Erregung von einer Nervenzelle auf andere Zellen übertragen.

Nichtlokalität bedeutet, dass sich physikalische Vorgänge über eine „spukhafte Fernwirkung" (von Albert Einstein in einem berühmten Zitat verwendeter Begriff) beeinflussen.

Noetik: Lehre vom Denken, vom Erkennen geistiger Gegenstände. Erkenntnislehre.

Nominaldefinition (lt. *nominalis*) Worterklärung, sprachliche Erklärung des Begriffsnamens. Ggstz.: Realdefinition.

Nominalismus (lt. *nomen*): Die Ansicht im Universalienstreit, dass die Allgemeinbegriffe (Gattungsbegriffe) nichts Wirkliches, sondern nur Namen (nomen) oder Abstraktionen des Verstandes seien, dass wirkliche Existenz nur den Einzeldingen zukomme. Ggstz.: Realismus. Vertreter des N. heißen Nominalisten. Der Begründer des N. ist Roscellin (um 1100). Eine vermittelnde Ansicht im Universalienstreite vertrat Abälard (1079 bis 1142) mit seinem Konzeptualismus Erneuert wurde der N. durch Wilhelm v.

Occam (1270—1347), der lehrte, dass nur die Einzeldinge wirklich sind, dagegen die Allgemeinbegriffe nur im Denken existieren, keine Abbilder der Dinge, sondern nur Zeichen (termini) für sie sind. Deshalb nennt man den Occamschen N. auch Terminismus. Dieser hat in der englischen Philosophie, z. B. bei Hobbes (1588—1679), Locke (1632 bis 1704), Berkeley (1685—1753), Hume (1711—1776), eine wichtige Rolle gespielt und den Empirismus (Sensualismus) begünstigt.

Noologie (gr. *noús lógos*): Geisteslehre, nach Eucken (1846–1926) namentlich die Lehre vom schaffenden (aktiv = synthetischen) Geist, vom schaffenden Geistesleben, das Welt und Seele umspannt. Sie ist eine Prinzipienlehre, die sich nicht auf das Erkennen allein, sondern darüber hinaus auf das gesamte schaffende Geistesleben erstreckt, um den einheitlichen Wesensgrund des Geistes aufzudecken. Als noologische Methode (Verfahren) bezeichnet Eucken diejenige Methode, die zur Erforschung des realen und einheitlichen Geisteslebens von dessen objektiven Erzeugnissen ausgeht, nicht von der Welt oder der Seele.

Norm (lt. *norma*): Regel, Richtschnur für die Tätigkeit, Maßstab für die Beurteilung. Es gibt logische, ethische, ästhetische N. Sie haben ihren Ursprung in der Beschaffenheit des menschlichen Geistes (des Denkens, Fühlens, Wollens). deshalb gehören sie zu den Bedingungen allgemeingültiger Urteile.

normal (lt. *normalis*): 1. allgemein: regelmäßig, dem Durchschnitt entsprechend, 2. mathematisch: rechtwinklig, senkrecht.

Normalreiz und Normalempfindung (s. normal) nennt man in der experimentellen Psychologie bei Versuchen über die Unterschiedsempfindlichkeit den Ausgangsreiz und die Ausgangsempfindung, während man den zweiten Reiz und die zweite Empfindung den Vergleichsreiz und die Vergleichsempfindung nennt.

normativ (s. Norm): regelnd, normgebend, Regeln oder Maßstäbe aufstellend oder auf solche sich beziehend. N. Wissenschaften oder Normwissenschaften sind: Logik, Ethik, Ästhetik, denn sie befassen sich außer einem seelischen Tatbestand mit den Normen des Denkens, Wollens, Kunstschaffens.

Notwendigkeit ist ein Ausdruck dafür, dass etwas nicht anders sein (gedacht werden, geschehen) kann, weil es durch ein anderes (Grund, Ursache) so gefordert wird, gesetzlich bestimmt ist. Erkenntnistheoretische N. hat nach Kant (1724—1804), das, „dessen Zusammenhang mit dem Wirklichen nach allgemeinen Bedingungen der Erfahrung bestimmt ist".

Noumenon (gr. *nooúmenon*): Verstandesding oder Gedankending als Gegenstand einer nicht sinnlichen (intellektuellen) Anschauung oder eines intuitiven Verstandes. Kant (1724—1804) gebraucht diesen Ausdruck als Grenzbegriff der Erfahrung, zur Einschränkung der Sinnlichkeit auf Objekte der Erfahrung. Da die Noumena keiner sinnlichen Anschauung fähig sind, sind sie keine Gegenstände der erfahrbaren Wirklichkeit, der Erkenntnis.

Nukleosom: Komplex aus DNA, snRNA und Histonen. Erste Verpackungsstufe der DNA im Zellkern eukaryotischer Zellen.

Nukleotid: Grundbaustein von Nukleinsäuren wie Desoxyribonukleinsäure (DNA) und Ribonukleinsäure (RNA). Es ist ein Molekül mit einem Phosphat-, einem Zucker- und einem Basenbestandteil.

Nukleus: Zellkern, ein im Zytoplasma gelegenes, meist rundlich geformtes Organell der eukaryotischen Zelle, welches das Erbgut enthält.

Nus (gr. *noús*): Verstand, Geist, Seele, Denken. Anaxagoras (500—428), der zuerst den Nusbegriff in der Philosophie gebrauchte, verstand darunter die Bewegung und zweckmäßige Anordnung in die Welt bringende Kraft, die er zwar im Wesen geistig, aber doch nicht ganz stofflos dachte. Aristoteles (384-322) bezeichnete als N. das göttliche Wesen oder Gott; ähnlich auch andere griechische Philosophen.

Oberbegriff s. Schluss.

Obersatz s. Schluss.

Objekt (lt. *obiectum*): der vom erkennenden Subjekt verschiedene, von ihm unabhängige Gegenstand, auf den es seine Wahrnehmungen als ihre Ursache bezieht. Subjekt und O. sind Korrelate. Wissenschaftlich wird das O. durch einen Begriff vertreten, der dessen Mannigfaltigkeit in der Anschauung vereinigt. Diese seit Kant (1724—1804) herrschende Auffassung von Subjekt und O. war im Mittelalter (bis die Neuzeit) umgekehrt, indem Subjekt den unabhängigen Gegenstand, O. seinen Eindruck bedeutete.

objektiv (s. Objekt): aufs Objekt bezüglich, gegenständlich, sachlich. Objektiv gültig: allgemeingültig, für jedes Denken gültig.

objektive Empfindung ist eine durch einen äußeren Reiz (s. d.) ausgelöste Empfindung. Ggstz.: subjektive Empfindung.

Objektivismus (s. Objekt): in der Ethik die Ansicht, dass das Ziel des sittlichen Handelns durch objektive Maßstäbe und Zwecke zu bestimmen ist. S. Perfektionismus, Evolutionismus, Naturalismus, Utilitarismus. Ggstz.: Subjektivismus.

Objektivität (s. Objekt): Sachlichkeit, Gegenständlichkeit, Allgemeingültigkeit. Ggstz.: Subjektivität.

Ockhams Rasiermesser: Entscheidungskriterium der Wissenschaft mit folgender Aussage: Wenn es mehrere Theorien gibt, die den gleichen Sachverhalt erklären, ist die einfachste auszuwählen.

Okkasionalismus (lt. *occasio*): Lehre von den Gelegenheitsursachen. Sie ist aus der Frage nach der Wechselwirkung zwischen Leib und Seele hervorgegangen. Descartes (1596—1650) hatte diese Frage durch Einschaltung der Lebensgeister zu lösen versucht. Die Okkasionalisten, Geulincx (1625—1669) und Malebranche (1638—1715), verwarfen die Wechselwirkung als mit dem Dualismus unvereinbar und lehrten, dass das Vorhandensein körperlicher oder seelischer Vorgänge für Gott die Veranlassung, Gelegenheitsursache, sein solle, entsprechende Vorstellungen in der Seele oder entsprechende Körperbewegungen hervorzurufen. Leibniz (1646—1716) löste die Frage durch die prästabilierte Harmonie.

Ökonomie (gr. *oiko—nomía*): Haushalten mit vorhandenen Mitteln. Prinzip der Ö.: größtmögliche Leistung mit geringsten Mitteln, geringstem Kraftaufwand. Unter Denkökonomie versteht man eine Anwendung des genannten Prinzips auf die wissenschaftliche Forschung; sie ist aber nicht Ziel, sondern eine Folge der Erkenntnis.

Ontogenie (gr. *ón geneá*): Entwicklungsgeschichte des Einzelwesens (Individuums), Keimesgeschichte.

Ontologie (gr. *ón lógos*): Seinslehre (aus Begriffen), derjenige Teil der Metaphysik, der eine Wissenschaft von Dingen aus reinen Begriffen, von den allgemeinsten Seinsbestimmungen sein will, eine Logik des Wirklichen. Kant (1724 bis 1804) setzte an ihre Stelle seine Lehre von den Kategorien.

ontologisch (s. Ontologie): die Ontologie betreffend, das Sein als solches (nicht das Dasein) betreffend, dem Sein nach.

ontologischer Beweis (s. Ontologie) für das Dasein Gottes, s. Gottesbeweise.

Opposition (lt. *oppositio* von *op—pono*): Entgegensetzung, Gegensatz zweier Urteile.

Optimismus (lt. *optimus*): 1. die Ansicht, dass die bestehende Welt die beste aller möglichen sei, oder doch das Gute das Schlechte in der Welt überwiege. Vertreter des O., Optimisten genannt, sind z. B. die meisten griechischen Philosophen, ferner Plotin (205—270), besonders Leibniz (1646—1716), an den sich Lessing (1729—1781) und Herder (1744—1803) anschlossen, Shaftesbury (1671—1713). 2. Gemütsverfassung, die alles von der guten Seite auffassen lässt. Ggstz.: Pessimismus.

Organell: strukturell abgrenzbarer Bereich einer Zelle mit einer besonderen Funktion.

Organempfindungen (s. Organismus): Empfindungen, die durch Vorgänge im Organismus entstehen und uns über den Zustand unserer inneren Organe gewisse Auskunft geben; z. B. Hunger, Durst.

organisch (gr. *organikós*): lebendig, einen Organismus bildend, zweckvoll gefügt; Ggstz.: anorganisch.

Organismus (gr. *órganon*): Lebewesen, ein einheitliches Gefüge von Teilen, die in Wechselwirkung zueinanderstehen, sich wechselseitig, wie Mittel und Zweck verhalten.

Organon (gr. *órganon*): Werkzeug wurden die logischen Schriften des Aristoteles (384—322) von ihren Herausgebern genannt. Im bewussten Ggstz. zum aristotelischen O. nannte Baron (1561—1626) seine neue Methodenlehre: Neues O. (Novum Organon). Bei Kant (1724 - bis 1804) ist O. = Anweisung zur Erkenntnisgewinnung.

Oxidativer Stress: Stoffwechsellage, bei der eine das physiologische Ausmaß überschreitende Menge reaktiver Sauerstoffverbindungen gebildet wird, bzw. vorhanden ist.

Pädagogik (gr. *paid—agōgiké*) : Erziehungslehre.

Palingenesie (gr. *palin—genesia*): Wiedergeburt.

Panentheismus (gr. *pán en-théos*) : Allingottlehre, die Ansicht, dass die Welt in Gott existiere, Gott die Welt durchdringe, aber nicht in ihr aufgehe, sondern sie zugleich umfasse. Derartige Ansicht vertrat schon Malebranche (1638—1715), den Ausdruck gebrauchte zuerst Krause (1781 bis 1832) für sein System. Panentheist ist auch z. B. Fechner (1801—1887).

Panlogismus (gr. *pán lógos*) wird die Philosophie Hegels (1770 bis 1831) genannt, für welche Logik mit Metaphysik zusammenfällt, indem sie die Welt (das All) als die Verwirklichung der Vernunft, als die Entwicklung der logischen Idee darstellt.

Panpsychismus (gr. *pán psyché*): die metaphysische Ansicht, dass alles beseelt sei; auch die Annahme einer Weltseele. Vertreter des P., Panpsychisten genannt, sind z. B. die Hylozoisten, Plato (427—347), Plotin (205—270), Giordano Bruno (1548—1600), die Naturphilosophen der Renaissance, Leibniz (1646 bis 1716), Schelling (1775—1854), Fechner (1801—1887).

Panspermie (gr. *pán spérma*) ist nach Arrhenius die Annahme von Lebenskeimen im Weltraum, die, auf Planeten treffend, auf diesen, unter günstigen Bedingungen, zur Entstehung des Lebens führen.

Pantheismus (gr. *pán theós*): Allgottlehre; die theologische Ansicht, dass Gott ein und dasselbe ist wie die

Welt (das All), in der alles an Gott, Gott an allem teilhat. Da hiernach Gott und Welt eine Wirklichkeit bilden, so ergeben sich, je nachdem diese metaphysisch bestimmt wird, verschiedene Arten des P. 1. Der naturalistische P., vertreten z. B. durch Haeckel (1834—1919), behauptet die Einheit von Gott und Welt; 2. der spiritualistische P. bestimmt die Alleinheit als Allgeist, z. B. bei Hegel (1770—1831), oder als Allwille, z. B. bei Schopenhauer (1788 bis 1860); 3. der monistische P., vertreten z. B. durch Spinoza (1632 bis 1677), sieht in Gott und Welt verschiedene Gesichtspunkte derselben Substanz.

Panthelismus (gr. *pán ethélo*): Allwillenslehre; P. wird Schopenhauers (1788—1860) Metaphysik genannt, die im Willen das Wesen der Dinge, den Weltgrund sieht.

paradox (gr. *pará—doxos*): wider Erwarten, unerwartet. Paradoxie oder Paradoxon: scheinbarer Widerspruch.

Parallelismus (gr. *par—állēlos*): 1. logischer P.: die Annahme, dass die Gesetze und Formen des Denkens und die des Seins der Natur sich entsprechen harmonieren, ohne aber Denken und Sein gleichzusetzen; Vertreter sind z. B. Spinoza (1632 bis 1677), Schleiermacher (1768 bis 1834), Lotze (1817—1881), Riehl (1844–1924); 2. metaphysischer P.: die Ansicht, dass Körperliches und Geistiges verschiedene, gleichberechtigte Reihen sind, die sich aber entsprechen, da sie Erscheinungsweisen oder Seiten eines und desselben Wirklichen sind. Vgl. Monismus; 3. psychophysischer P.: die unter Ablehnung der Wechselwirkung zwischen Leib und Seele aufgestellte Lehre vom (gesetzmäßigen) Entsprechen der leiblichen (physiologischen) und seelischen Vorgänge. So vertreten z. B. durch Fechner (1801 bis 1887), in metaphysischer Deutung (s. 2) von Spinoza (1632—1677).

Paralogismus (gr. *pará—logos*): aus Irrtum beruhender Fehlschluss (s. d.).

partikulär (lt. *particularis* von *pars*): besonders, teilweise. Ein p. Urteil ist ein Urteil, in dem nur von einer Anzahl (nicht allen) Vertretern eines Subjektsbegriffes etwas ausgesagt wird; seine Form ist: Einige S sind (nicht) P.

Passivität (frz. *passivité*): untätiges Verhalten, Unfähigkeit, selbst zu wirken. Ggstz.: Aktivität.

Patristik (frz. von lt. *pater*): Philosophie der Kirchenväter, besonders im 2. bis 8. Jahrh. n. Chr., die zur Ausbildung, Fortbildung und auch schon zur Rechtfertigung der christlichen Glaubenslehren (Dogmen) beitrug.

Pauliprinzip: ein Grundprinzip der Quantenmechanik, welches besagt, dass je zwei Elektronen in einem Atom nicht in allen Quantenzahlen übereinstimmen können.

Perfektionismus (lt. *perfectio*): derjenige ethische Standpunkt, der in der Vervollkommnung des Menschen den Zweck der Sittlichkeit sieht. Diesen Standpunkt vertreten mehr oder weniger rein z. B. Leibniz (1646—1716), Shaftesbury (1671—1713), Wolff (1679—1754), Kant (1724—1804), Lipps (1851 bis 1914). Der P. erscheint oft mit Eudämonismus verbunden.

Peripatetiker werden die Schüler des Aristoteles (384—322) genannt, der in den Säulengängen (gr. peripatoi) des Lyzeums zu Athen lehrte.

Perpetuum mobile: hypothetische Maschine, die ohne Energiezufuhr ewig in Bewegung bleibt und dabei Arbeit verrichtet. Das Konzept widerspricht der physikalischen Gesetzmäßigkeit der Energieerhaltung in abgeschlossenen Systemen.

Perseverationstendenz (lt. *persevero* + Tendenz): die Neigung, die jede Vorstellung nach ihrem Auftreten im Bewusstsein hat, nach Fortfall von Hemmungen frei ins Bewusstsein zu steigen.

Perzeption (lt. *perceptio*): Wahrnehmung, (bloße) Vorstellung eines Gegenstandes. Der Ausdruck hat, wie die Geschichte der Philosophie z. B. bei Leibniz, Kant, Herbart zeigt, einen mehrmaligen Bedeutungswandel erlebt. Vgl. a. Apperzeption.

perzipieren (lt. *per-cipio*): wahrnehmen, erfassen.

Pessimismus (lt. *pessimus*): 1. die Ansicht, dass die bestehende Welt schlecht, oder die schlechteste aller möglichen sei, und daher das Leben nur Enttäuschungen bringe. Vertreter dieser Ansicht, Pessimisten genannt, sind z. B. Hegesias (um 280 v. Chr.), Schopenhauer (1788 bis 1860), Bahnsen (1830—1881), Mainländer (1841—1876), E. v. Hartmann (1842—1906), 2. Gemütsverfassung, die alles von der schlechten Seite auffassen lässt. Ggstz.: Optimismus.

petitio principii (lt.): Forderung des Beweisgrundes; derjenige Beweisfehler, der in der Verwendung eines unbewiesenen Satzes als Beweisgrund liegt.

Phänomenalismus (s. Phänomenon): derjenige erkenntnistheoretische Standpunkt, demzufolge die Gegenstände der Erfahrung Erscheinungen sind, denen die Dinge an sich als unerkennbare Realität zugrunde liegen. Hauptvertreter dieses Standpunktes ist Kant (1724—1804).

Phänomenologie (s. Phänomen): Lehre von den Erscheinungen. „Phänomenologie des Geistes" ist bei Hegel (1770—1831) die Beschreibung der Entwicklung der philosophischen Erkenntnis.

Phänomenon oder **Phänomen** (gr. phainomai): bestimmte Erscheinung, in der Anschauung gegebener Gegenstand, Gegenstand der Erfahrung. Ggstz.: Noumenon, Ding an sich.

Phantasie (gr. *phantasia*) s. Einbildungskraft.

Philosophie (gr. *philo—sophia*) bedeutet ursprünglich: „Liebe zur Weisheit", Streben nach Wissen. In diesem Sinne soll sich Pythagoras (580 bis um 500) zuerst einen Philosophen genannt haben. Der Name Ph. findet sich zuerst bei Heraklit (um 500 v. Chr.) angegeben. Anfangs war Ph. soviel wie Wissenschaft. Mit der Loslösung der Einzelwissenschaften von der Ph. wurde der Begriff der Ph. enger. Ihre Begriffsbestimmung wurde verschieden und ist auch heute noch verschieden, je nachdem, welchem Teile der Ph. die größte Bedeutung beigemessen wird. Als allgemeine Teile der Ph. gelten Logik, Erkenntnistheorie, Metaphysik, als besondere Teile: Ethik, Ästhetik, Psychologie, Naturphilosophie, Rechtsphilosophie, Geschichtsphilosophie, Religionsphilosophie, Soziologie. Von diesen besonderen Teilen werden aber auch einige, z. B. die Psychologie, als selbstständige Einzelwissenschaften von der Ph. abgetrennt. Man kann Ph. vielleicht erklären als diejenige allgemeine Wissenschaft, welche als Wissenschaftslehre (Logik und Erkenntnistheorie) die Grundlagen und die Methoden der Erkenntnis untersucht, als Metaphysik den Zusammenschluss der Ergebnisse der Einzelwissenschaften zu einem einheitlichen, allseitig befriedigenden Gesamtbild der Wirklichkeit, zu einer Welt- und Lebensanschauung anstrebt. Wolff (1679—1754) führte die Unterscheidung von theoretischer (s. d.) und praktischer (s. d.) Ph. in die neuere Ph. ein.

Phonismen (gr. *phōné*) sind Synästhesien (s. d.), und zwar sekundäre oder Mitempfindungen des Gehörsinnes, sekundäre Schall- oder Geräuschempfindungen.

Phonon: In der Festkörperphysik beschreiben Phononen elementare bzw. kollektive Anregungen der Gitterschwingungen eines Festkörpers und können als bosonische Quasiteilchen verstanden werden.

Phoronomie (gr. *phorá*) Lehre von den Bewegungen ohne Rücksicht auf die bewegten Massen und die bewegenden Kräfte. Statt Ph. sagt man auch Kinematik.

Photismen (gr. *phós*) = Synopsien sind Synästhesien (s. d.), und zwar sekundäre oder Mitempfindungen des Gesichtssinnes, sekundäre Licht- oder Farbempfindungen.

Photoautotrophie ist die Nutzung von Licht als Energiequelle bei Autotrophie (s. d.). Die Lichtenergie wird in chemische Energie (ATP) umgewandelt um sie zum Aufbau von Bau- und Reservestoffen aus anorganischen Stoffen zu verwenden.

photoelektrischer Effekt: Unter dem p. E. versteht man drei nah verwandte, aber unterschiedliche Prozesse der Wechselwirkung von Photonen mit Materie.

Photon: das Elementarteilchen (Quant) des elektromagnetischen Feldes. Anschaulich gesprochen sind Photonen das, woraus elektromagnetische Strahlung besteht.

Photosynthese ist ein natürlicher Prozess, der aus energiearmen anorganischen Stoffen wie Kohlendioxid und Wasser energiereiche Stoffe wie Sauerstoff erzeugt. Sie wird von Pflanzen, Algen und einigen Bakterien betrieben. Die P. vollzieht sich in drei Schritten: Erstens wird die elektromagnetische Energie (Licht oder Wärme geeigneter Wellenlänge) unter Verwendung von Farbstoff (Chlorophyll) absorbiert. Im zweiten Schritt wird die elektromagnetische Energie in chemische umgewandelt. Das Licht dient dazu, die Elektronen des Wassers in einen energiereicheren Zustand zu versetzen und Wasser zu spalten. Die Elektronen werden auf den chemischen Reaktionspartner z. B. dem energiearmen Kohlendioxid übertragen und es werden energiereiche Moleküle (chemische Energie) gebildet. Im dritten und letzten Schritt wird die chemische Energie zur Synthese organischer Verbindungen verwendet, die Lebewesen sowohl für das Wachstum als auch für den Energiestoffwechsel dienen. In dieser Phase kommen die Mitochondrien ins Spiel, die intern Adenosintriphosphat (ATP) synthetisieren. ATP ist der universelle Energieträger in jeder Zelle und gleichzeitig ein wichtiger Regulator von Energie liefernden Prozessen. – Die P. verläuft dann besonders effizient, wenn im ersten Prozessschritt die Absorption des Lichts durch Abstimmung der Pigmentmoleküle (Chlorophylle) untereinander optimiert ist. Für die Spaltung eines Wassermoleküls im zweiten Schritt wird die Energie von vier Anregungen der Pigmentmoleküle benötigt. Es ist festgestellt worden, dass die Anregungen der Pigmentmoleküle bei Meeresalgen bei Zimmertemperatur in einer Weise kohärent auftreten, die nicht durch Wechselwirkungen der klassischen Physik zu erklären sind. Die beobachtete hohe Effizienz der P. kommt offensichtlich durch quantenmechanische Verschränkung zustande.

Phrenologie (gr. *phrén lógos*) Lehre von den geistigen Organen; der von F. J. Gall (1758—1828) stammende (vergebliche) Versuch einer Feldeinteilung des Gehirns nach Seelenvermögen und einer entsprechenden äußeren Feldeinteilung des Schädels, sodass rein äußerlich aus der Entwicklung eines solchen Schädelfeldes auf die Entwicklung des darunterliegenden Gehirnfeldes und damit des Seelenvermögens geschlossen werden könnte.

Phylogenie (gr. *phylon geneá*): Stammesgeschichte.

Physik (gr. *physiké*) im allgemeinsten Sinne: Naturlehre, im heutigen, engeren Sinne: Naturlehre derjenigen Vorgänge in der leblosen Natur, bei denen stoffliche Veränderungen im Allgemeinen nicht stattfinden. Begründer der neueren, wissenschaftlichen Ph. ist Galilei (1546—1641).

Physikotheologie (gr. *physikós theo—logía*): natürliche Gotteslehre, die das Dasein Gottes aus der Zweckmäßigkeit in der Natur ableiten will; s. Gottesbeweise.

Physiologie (gr. *physiologia*) bedeutet seit A.v. Haller (1708—1777): Lehre von den Lebenserscheinungen. Früher, besonders im Altertum, war Ph. gleichbedeutend mit Physik = Naturlehre. Deshalb nennt Aristoteles (384—322) die ionischen Naturphilosophen Physiologen oder Physiker.

physisch (gr. *physikós*): körperlich; dasjenige, was von mehreren Subjekten in gleicher Weise erfahren werden kann und von ihnen unabhängig ist; Ggstz.: psychisch.

Plasma, physikalisch: Materialgemisch auf atomarer Ebene, ähnlich einem Gas, das aus Elektronen und Ionen besteht. Eine Eigenschaft von Plasma ist seine elektrische Leitfähigkeit.

Plasmid: extrachromosomale DNA, die sich autonom repliziert und in Bakterien und in Archaeen vorkommen kann.

Platonismus: die idealistische Philosophie Platos (427—347), besonders gekennzeichnet durch die Lehre von den Ideen (Begriffsrealismus), Anamnese, ethischen Idealismus.

Plethysmograph (gr. *plēthýs*) Vorrichtung zur Aufzeichnung der Blutfüllung der einzelnen Körperteile, besonders bei Vorhandensein von Affekten und Gefühlen.

Pluralismus (lt. *pluralis*): diejenige metaphysische Richtung, die 1. wegen der Mannigfaltigkeit des Besonderen eine Mehrzahl von obersten Grundsätzen, Grundbegriffen annimmt, 2. wegen der möglichen Vielheit von Exemplaren eines Ideals dieses nicht als ein Wesen, sondern als eine Kategorie (Begriff) auffasst; 3. dem Wesen nach verschiedene Elemente des Seins annimmt. Ggstz.: Singularismus.

Pneumatologie (gr. *pneúma lógos*): Seelenlehre (im metaphysischen Sinne).

Pneumograf (gr. *pneúma gráphō*): Vorrichtung zur Aufzeichnung der Atmungswelle, besonders bei Vorhandensein von Affekten oder Gefühlen.

Polarisation: Ausrichtung der Schwingungsebene von beispielsweise Lichtwellen.

Polarität (gr. *pólos*): Vorhandensein oder Auftreten zweier Pole, zweier entgegengesetzter, sich gegenseitig bedingender Verhaltungsweisen.

Polytheismus (gr. *polý—theos*): Vielgötterei. Ggstz.: Monotheismus.

Popularphilosophie (lt. *popularis, populus*): diejenige Richtung der deutschen Aufklärungsphilosophie (im 18. Jahrh.), die auf Systematik verzichtend philosophische Lehren durch allgemein verständliche Darstellung weiteren Kreisen zugänglich machen wollte. Popularphilosophen waren z. B. Feder (1740—1821), Garve (1742—1798), Sulzer (1720 bis 1779), Mendelssohn (1729 bis 1786).

Position (lt. *posilio* von *pono*): Setzung, Bejahung; Ggstz.: Negation.

Positivismus (frz. *positif*): derjenige erkenntnistheoretische Standpunkt, der sich nur an das Positive, Gegebene, Erfahrbare hält, nur soweit Erkenntnis reichen lässt, wie die sinnliche Wahrnehmung und Erfahrung reicht, alles darüber Hinausgehende für mindestens unwissenschaftlich ansieht. Der P. beschränkt die (wissenschaftliche) Philosophie auf Erkenntnistheorie, verwirft die Metaphysik. Nach ihm gibt es in der Philosophie keine andere Methode als die Forschungs- und Darstellungsmethode der Einzelwissenschaften. Dem Namen nach geht er auf Comte (1798—1857) zurück, sein eigentlicher Begründer ist Hume (1711 bis 1776). Andere Vertreter, Positivisten genannt, sind z. B. J. St. Mill (1806—1873), in Deutschland Mach (1838–1916), Dühring (1833-1921), Laas (1837—1885) u. a.

Possibilität (lt. *possibilis*): Möglichkeit.

Postulat (lt. *postulo*): Forderung, die unbeweisbar, aber notwendig ist für das Verständnis von Tatsachen.

Potentialität (gebildet von lt. *potentia* von *possum*): Möglichkeit. Ggstz.: Aktualität.

Potenz (lt. *potentia* von *potens, possum*): 1. mathematisch: Produkt aus gleichen Faktoren; 2. philosophisch: a) Möglichkeit, Vermögen, b) Kraftstufe (bei Schelling).

Potenzialbarriere: Raumbereich, in dem ein Potenzial ein lokales Maximum annimmt. Als Potenzial wird dabei eine Funktion bezeichnet, die jedem Punkt im Raum oder jedem Zustand in einem Phasenraum eine potenzielle Energie zuordnet.

potenziell (s. Potenz): vermögend, wirkungsfähig. Ggstz.: aktuell.

Prädestination (lt. *prae—destino*): Vorherbestimmung.

Prädikabilien (lt. *praedicabilis* von *prae—dico*): abgeleitete Verstandesbegriffe, im Ggstz. zu den Prädikamenten = Kategorien.

Prädikat (lt. *praedicatum* von *prae — dico*): das, was im Urteil vom Subjekt ausgesagt wird.

Präexistenz (lt. *prae existo*): Dasein der Seele vor dem jetzigen Leben. Dies lehren 1. im Sinne von Seelenwanderung z. B. der Buddhismus, die Pythagoreer, Empedokles (um 490—430), Leibniz (1646—1716); 2. im Sinne von vorirdischem Dasein der Seele z. B.

Plato (427—347), Plotin (205—270), Schelling (1775 bis 1854).

Präformation (lt. *prae—formo*): Vorgebildetsein aller Teile des Organismus (im verkleinerten Maße) im Samen oder Ei. Ggstz.: Epigenesis. Die Präformationslehre vertraten z. B. Malpighi (1628—1694), Haller (1708—1777), auch Leibniz (1646 bis 1716). "Präformationssystem der reinen Vernunft" nennt Kant (1724—1804) die von ihm verworfene Ansicht, dass die reinen Verstandesbegriffe in unserem Denken von vornherein vorgebildet, bereits fertige, ein für allemal gegebene Formen seien.

pragmatisch (gr. *pragmatikós*): 1. auf das Handeln bezüglich; 2. nützlich, praktisch, erfahren. So nennt Kant (1724—1804) die der Wohlfahrt dienenden Klugheitsregeln p.; 3. den inneren Zusammenhang der Ereignisse berücksichtigend. In diesem Sinne redet man von p. Geschichtsforschung.

Pragmatismus (gr. *prágma*): der in Amerika aufgekommene, hauptsächlich in Amerika und England durch F. C. S. Schiller, W. James, J. Dewey u. a. vertretene erkenntnistheoretische Standpunkt, dass das als Wahrheit anzusehen sei, was für die Erkenntnis und das Leben förderlich sei, dass alle Beurteilung sich nach den praktischen Folgen, nach der Nützlichkeit zu richten habe. Alles Apriorische verwandelt der P. in Nützlichkeitsforderungen. Der Ausdruck P. stammt von Peirce. Auch in Deutschland hat der P. Vertreter, z. B. Jerusalem (1854–1923). S. a. Humanismus, Instrumentalismus, Konventionalismus.

praktisch (gr. *praktikós*): ausübend, anwendbar, ausführbar, angewandt. P. Philosophie ist der Teil der Philosophie, der sich als Ethik, Rechts- und Staatsphilosophie mit den menschlichen Willenshandlungen und deren Erzeugnissen beschäftigt. P. Vernunft nennt Kant (1724—1804) die Vernunft als Gesetzgeberin für den Willen. Ggstz.: theoretisch.

Prämissen (lt. *prae—mitto*) heißen die Vordersätze eines Schlusses. S. Schluss, Enthymem, Kettenschluss, Sorites.

prästabiliert (lt. *prae stabilio*): vorherbestimmt. P. Harmonie nennt Leibniz (1646—1716) die von Gott vorherbestimmte Übereinstimmung zwischen den Vorstellungsreihen der Monaden, die ja nicht aufeinander einwirken können. Hiermit sucht Leibniz die scheinbare Wechselwirkung zwischen Leib (Körper) und Seele (Geist) besser zu erklären als der Okkasionalismus (s. d.) und der Monismus (s. d.) Spinozas. Zufolge der p. Harmonie sollen sich die körperlichen und geistigen Vorgänge genau so entsprechen, wie die Zeitangaben gleichgehender Uhren.

primär (lt. *primarius, primus*): zuerst, ursprünglich, wesentlich.

Primärbewusstsein: informationsverarbeitender Prozess unterhalb der Stufe des Selbstbewusstseins, bei dem aber die Kriterien für Bewusstsein erfüllt sind.

Primat (lt. *primatus*): Vorrang. Kant (1724—1804) und Fichte (1762—1814) schreiben der praktischen Vernunft den P. vor der theoretischen Vernunft, Schopenhauer (1788—1860) dem Willen den P. vor dem Intellekt zu.

principium individuationis (lt.): Grund der Einzelheit. Raum und Zeit sind dieser Grund, weil gleichzeitig weder ein Ding an verschiedenen Orten sein, noch derselbe Ort von mehreren Dingen eingenommen werden kann.

Prinzip (lt. *principium*): Ursprung, Grundlage, Voraussetzung, Erklärungsgrund. Des näheren bedeutet P. 1. in der Metaphysik: Urgrund, Erklärungsgrund der gesamten Wirklichkeit; 2. in der Erkenntnistheorie: Grundlage, Grundsatz, Gesichtspunkt für die Auffassung und Beurteilung der Dinge, oberster Begriff; 3. in der Ethik: oberste Regel für das Handeln, Grundlage der Sittlichkeit.

Probabilismus (lt. *prohabilis*): Wahrscheinlichkeitsstandpunkt. 1. Erkenntnistheoretisch: die Ansicht, dass die Erkenntnis nur Wahrscheinlichkeitswert habe. Bezüglich der Erfahrungserkenntnis ist z. B. Hume (1711—1776) Probabilist. 2. Ethisch: die Ansicht, so handeln zu dürfen, wie es ausreichend gut erscheint.

Problem (gr. próblēma): ungelöste Frage, wissenschaftliche Aufgabe.

problematisch (gr. *problēmatikós*): ungewiss, unbestimmt, zweifelhaft, fraglich, möglich. Ein p. Urteil ist ein Urteil, in dem vom Subjekt des Urteils etwas als möglich ausgesagt wird; (S kann P sein).

Programm: Folge von Anweisungen, um bestimmte Funktionen bzw. Aufgaben oder Probleme zu bearbeiten oder zu lösen.

Progress (lt. *progressus* von *progredior*): Fortgang von der Bedingung zum Bedingten, vom Grund zur Folge; Ggstz.: Regress. Progressiv = deduktiv: vom Allgemeinen zum Besonderen schreitend; Ggstz.: regressiv.

Projektion (lt. *proiectio* von *proicio*): Hinausverlegen des Empfindungsinhaltes in den umgebenden Raum.

Prokaryont: zelluläres Lebewesen, das keinen Zellkern besitzt.

Prolegomena (gr. *prolégomena*): Vorrede, Vorwort, Einleitung, womit eine Einführung in ein Wissensgebiet bezweckt wird. In diesem Sinne verfasste Kant (1724 bis 1804) im Jahre 1783 seine „Prolegomena zu einer jeden künftigen Metaphysik, die als Wissenschaft wird auftreten können".

Proliferation: Wachstum beziehungsweise Vermehrung von Gewebe. Die Zellproliferation äußert sich in Zellteilung und Zellwachstum.

Propädeutik (gr. *pro-paideúō*): Vorübung, Vorschule, Vorkenntnis zu einer Wissenschaft.

Proposition (lt. *propositio* von *pro — pono*): Satz, Urteil. Propositio maior = Obersatz, propositio minor = Untersatz eines Syllogismus (Schlusses).

Protein oder **Eiweiß**: biologisches Makromolekül, das aus Aminosäuren durch Peptidbindungen aufgebaut ist.

Protisten (gr. *protista*, „Urwesen", „Erstlinge"): P. sind eine Gruppe nicht näher verwandter mikroskopischer Lebewesen, zu denen alle ein- bis wenig-zelligen Eukaryonten, also Algen, Protozoen und einige Pilze gehören.

proton pseudos (gr.): Grundirrtum, falsche Voraussetzung.

Protophyten: s. Protisten.

Protoplasma: Das P. Ist eine heute wenig gebräuchliche Bezeichnung für die innere sol- oder gelartige flüssige Masse aller lebenden Zellen inklusive Zellkern. Das Zellplasma ohne Kern und ohne strukturell abgrenzbare Bereiche mit besonderer Funktion wird heute mit Zytoplasma bezeichnet.

Protozoen: Urtiere, erstes Unterreich des Tierreichs (das zweite bilden die Metazoen), alle einzelligen Organismen mit tierischem Stoffwechsel umfassend (Protisten). Bewohner des Wassers oder der feuchten Erde; viele sind parasitisch.
I. Cytomorphen, mit einem oder mehreren gleichwertigen Kernen.
1. Flagellaten, Geißelinge.
2. Rhizopoden, Wurzelfüßer.
3. Sporozoen, Sporentierchen.
II. Cytoideen, mit zweierlei, physiologisch verschiedenwertigen Kernen (Macronucleus oder vegetativer Kern, und Micronucleus od. Geschlechtskern).

Prozess: Ein P. ist definiert als Gesamtheit von aufeinander einwirkenden Vorgängen in einem System, durch die Materie, Energie oder Information umgeformt, transportiert oder gespeichert wird (DIN IEC 60050-351).

Psyche (gr. *psyché*): Seele. **psychisch**: seelisch, das, was nur einem Subjekt erfahrbar ist, was nur von einem Subjekt erlebt werden kann ; Ggstz.: physisch.

Psychiatrie (gr. *psyché iatreia*): Seelenheilkunde, Irrenheilkunde.

Psychoid (gr. *psyché eidos*): seelenartige Kraft. S. Vitalismus.

Psychologie (gr. *psyché lógos*): die Wissenschaft von den seelischen Vorgängen oder Erscheinungen, die sie beschreibt und ordnet, für deren Eintreten, Änderung, Verschwinden sie die Gesetze aussucht und für deren Gesetzlichkeit sie dann die tieferen Gründe zu ermitteln sucht. Ursprünglich bedeutete P.: Wissenschaft von der Seele. Ihr Begründer ist Aristoteles (384—322). Der Name stammt von Melanchthon (1497 bis 1560), ist aber erst durch Wolff (1679 bis 1754) eingebürgert. Als Wissenschaft von der Seele war die P. ein Teil der Metaphysik; sie war beherrscht von der Meinung, aus dem Begriff der Seele die Tatsachen des Seelenlebens folgern zu können. Dieser metaphysischen oder rationalen P. trat, durch Locke (1632 bis 1704) begründet, die empirische P. erfolgreich gegenüber, die von den Erfahrungstatsachen des Seelenlebens ausgeht und heutzutage obiger Definition gemäß, die allein maßgebende ist. Innerhalb der empirischen P. sind drei Betrachtungsweisen zu unterscheiden: 1. Assoziationspsychologie, deren Begründer Hartley (1704—1754) und Hume (1711—1776) sind; sie sucht alle seelischen Vorgänge auf Assoziationsgesetze (s. d.) zurückzuführen. 2. Vermögenspsychologie, die, schon von Aristoteles (384—322) vertreten, in neuerer Form von Wolff (1679—1754) und Tetens (1736—1805) ausgeht; sie beschreibt die seelischen Vorgänge und ordnet sie nach den drei Grundvermögen: Erkennen, Fühlen, Begehren; 3. Apperzeptionspsychologie, deren Begründer Wundt (1832—1920) ist; sie unterscheidet sich von den beiden anderen dadurch, dass sie zur Erklärung gewisser seelischer Vorgänge den Begriff der Apperzeption (s. d.) verwendet. Die moderne empirische P. ist a) experimentelle P., insofern sie die zu untersuchenden Vorgänge willkürlich hervorruft und verändert; b) physiologische P., insofern sie die Beziehungen der psychischen Vorgänge zu den Gehirn- und Nervenvorgängen untersucht; c) Völkerpsychologie, insofern sie sich mit den Erzeugnissen menschlicher Gemeinschaften: Sprache, Kunst, Mythus, beschäftigt. Mit dem Denken beschäftigen sich P., Logik, Erkenntnistheorie, doch in verschiedener Weise; vgl. hierüber Logik, Erkenntnistheorie.

psychologisch (s. Psychologie): zur Psychologie gehörig.

Psychologismus (s. Psychologie): die Ansicht, dass die Psychologie die Grundwissenschaft sei, von der die übrigen Gebiete der Philosophie nur Teile oder Einwendungen seien. Dieser Ansicht steht in der Erkenntnistheorie der Antipsychologismus = Transzendentalismus gegenüber; s. Erkenntnistheorie. Psychologisten sind z. B. Locke (1632—1704), Hume (1711—1776), Berkeley (1685 bis 1753), Fries (1773—1843), Beneke (1798—1854), Mill (1806—1873), Avenarius (1843—1896), Mach (1838–1916), Ziehen (1862–1950) u. a.

Psychomonismus (gr. *psyché* + Monismus): Die Ansicht, dass alle Wirklichkeit seelisch sei, alle Wirklichkeit Bewusstseinswirklichkeit sei.

Psychophysik (gr. psyché physiké): die nur auf Beobachtung, Experiment und mathematische Verknüpfung der Tatsachen sich stützende Lehre von den Wechselbeziehungen zwischen psychischen und physischen Vorgängen. Begründer der P. ist Fechner (1801—1887).

psychophysisch (s. Psychophysik): die Wechselbeziehung zwischen psychischen und physischen Vorgängen betreffend.

psychophysische Maßmethoden (oder psychische Maßmethoden) dienen zur Bestimmung von absoluten Schwellen (z. B. Reizschwellen), Unterschiedsschwellen oder von Reizen oder Reizunterschieden, die in gewisser psychologischer Hinsicht gleichwertig erscheinen. Die wichtigsten Methoden sind (nach G. E. Müller) folgende: 1. Grenzmethode oder Methode der Minimaländerungen. Zur Bestimmung der Unterschiedsschwelle wird einerseits ein nicht merklicher Unterschied so lange erhöht, bis er eben merklich wird, andererseits ein merklicher Unterschied durch geeignete Sprünge so lange verringert, bis er gerade nicht mehr merklich ist; dies wird oft wiederholt. 2. Methode der konstanten Reize oder Methode der richtigen und falschen Fälle. Man lässt in vielmaliger Wiederholung einen Normal- oder Hauptreiz mit mehreren Vergleichsreizen vergleichen und bestimmt schließlich für jeden Vergleichsreiz die relative Zahl der Fälle, in denen er viel kleiner, kleiner, viel größer, größer als der Hauptreiz erschien oder das Urteil: unentschieden gefällt wurde.

Psychose (gr. *psýchōsis*): Geisteskrankheit.

Purkinjesches Phänomen nennt man die Erscheinung, dass bei herabgesetzter Lichtstärke der Spektralfarben Grün heller als Gelb und Blau viel heller als Rot empfunden wird.

Pyrrhonismus = Skeptizismus (s. d.): genannt nach dem Skeptiker Pyrrhon aus Elis (um 330 v. Chr.).

Pythagoreismus ist die Philosophie des Pythagoras (um 580 bis um 500) von Samos und seiner Schüler, die dem von Pythagoras gegründeten ethisch-religiösen, wissenschaftlichen Bund zu Kroton in Unteritalien angehörten. Der P. ist gekennzeichnet durch seine metaphysische Lehre, dass die Zahlen das Wesen der Dinge seien, durch die Forderung asketischen Lebenswandels, durch die Lehre von der Seelenwanderung.

Qualität (lt. *qualitas* von *qualis*): Beschaffenheit, Eigenschaft. Die Q. der Dinge sind die sinnlich wahrnehmbaren Unterscheidungsmerkmale der Dinge. Schon Demokrit (um 460—370) unterschied die Eigenschaften der äußeren Dinge in solche, die den Dingen von Natur aus zukommen, und in solche, die den Dingen nach menschlicher Auffassung zugeschrieben werden. Galilei (1564 bis 1641) erneuerte diese Unterscheidung. Ihr schlossen sich z. B. Gassendi (1592—1655), Descartes (1596 bis 1650), Hobbes

(1588—1679), Locke (1632—1704) an. Locke unterschied primäre und sekundäre Q. der Dinge. Die Vorstellungen der primären Q., wie Dichtheit, Ausdehnung, Bewegung, Ruhe, Zahl, sind wirkliche Abbilder realer Körpereigenschaften; die Vorstellungen der sekundären Q. die spezifischen Sinnesempfindungen: rot, blau, warm usw. sind keine Abbilder wirklicher Körpereigenschaften, sondern existieren nur in unserer Empfindung, sind subjektiv und abhängig von der Beschaffenheit unserer Sinne. S. a. Sinnesqualitäten. — Unter der Q. eines Urteils versteht man seine Beschaffenheit hinsichtlich der Geltung des Prädikats vom Subjekt. Die Geltung kann bejaht oder verneint werden. Verborgene Q. (qualitates occultae) nannte man im Mittelalter die verborgenen Eigenschaften oder Kräfte der Dinge, die zur Erklärung der erfahrbaren Eigenschaften und Wirkungen dienten.

qualitativ (s. Qualität): die Qualität betreffend, der Beschaffenheit nach.

Quanten-Zeno-Effekt: Effekt aus der Quantenmechanik, bei dem der Übergang eines quantenmechanischen Systems von einem Zustand in einen anderen, z. B. durch Lichtaussendung eines angeregten Atoms, durch wiederholt ausgeführte Messungen aufgehalten werden kann.

Quanten: winzige Energiepakete, die sich je nach Art der Messung als Wellen oder als Teilchen zeigen. Aufgrund dieser Eigenschaft gelten Atome, Elektronen, Photonen (Lichtteilchen) und dergleichen - gleichgültig, ob die Objekte zur Materie zählen oder nicht - alle als Quanten.

Quantenbiologie: Teilgebiet der Biophysik, das sich mit der Einwirkung von Quanten auf lebende Zellen eines Organismus befasst und die energetischen Prozesse und Veränderungen untersucht.

Quantenbit: kurz Qubit. Beliebig manipulierbares Zweizustands-Quantensystem, das nur zwei durch Messung sicher unterscheidbare Zustände hat. Im Quantenzustand kann es jedoch durch Überlagerung unendlich viele verschiedene Zustände annehmen. Qubits spielen in der Quanteninformatik die analoge Rolle zum klassischen Bit.

Quantenfluktuation: auch als Vakuumfluktuation bezeichnet. Teilchen-Antiteilchen-Paare, die in der Quantenfeldtheorie im Vakuum entstehen und gleich wieder zerfallen.

Quantenmechanik: physikalische Theorie zur Beschreibung von Licht und Materie, sowie ihrer Eigenschaften und Gesetzmäßigkeiten.

Quantenpunkt: nanoskopische Materialstruktur, typischerweise in der atomaren Größenordnung von etwa 10^4 Atomen. Quantenpunkte verhalten sich ähnlich wie Atome, jedoch kann ihre Form, Größe oder die Anzahl von Elektronen in ihnen beeinflusst werden.

Quantensprung: Übergang von einem quantenmechanischen Zustand in einen anderen. Da Zwischenzustände nicht erlaubt sind bzw. nicht vorkommen, muss der Wechsel eines solchen Systems von einem Zustand in einen anderen direkt, „sprunghaft", erfolgen.

Quantenteleportation: Übertragung von Quantenzuständen mithilfe einer instantanen Zustandsänderung miteinander verschränkter Quantensysteme. Zur vollständigen Übertragung eines Quantenzustandes muss zusätzlich auch Information zwischen Sender und Empfänger auf einem klassischen Weg maximal mit Lichtgeschwindigkeit ausgetauscht werden.

Quantentheorie: Die Q. ist diejenige Theorie physikalischer, insbesondere thermodynamischer und Strahlungserscheinungen, die auf der von Planck eingeführten Hypothese beruht, die Energie werde von den Körpern nicht stetig, in infinitesimalen Elementen, sondern stoßweise in endlichen (wenn auch überaus kleinen) Quanten, und zwar unter gleichen Umständen stets gleichen Quanten, abgegeben. Mit einem Bild: Die Energie fließe nicht ab, sondern tropfe ab. — Das elementare Energiequantum ergibt sich aus der Strahlung als $e = h \cdot n$, wo n die Frequenz der Schwingungen des der Strahlung zugrunde liegenden elementaren Resonators (Elektron) ist; es ist also mit dieser Frequenz proportional. Die Größe h ist dann eine universelle Konstante; sie heißt **elementares Wirkungsquantum**. Daran anknüpfend hat Einstein die Hypothese der Lichtquanten aufgestellt, wonach das Licht selbst aus Elementarquanten $h \cdot n$ besteht.

Quantenverschränkung (von Albert Einstein als „spukhafte Fernwirkung" bezeichnet): Physikalisches Phänomen, bei dem Teilchen eine nichtlokale Verbindung miteinander eingehen. Es ist der gemeinsame Zustand eines Systems von zwei oder mehr Teilchen, der sich nicht als Kombination unabhängiger Ein-Teilchen-Zustände beschreiben lässt. Messergebnisse bestimmter Observablen von verschränkten Teilchen (z. B. der Spin) sind korreliert, das heißt, nicht statistisch unabhängig, auch wenn die Teilchen weit voneinander getrennt sind. Misst man eine Quanteneigenschaft bei Teilchen A (z. B. den Spin), so ist die dazu korrelierte Eigenschaft (z. B. negativer Spin) ohne Verzögerung (instantan) auch bei Teilchen B anzutreffen. Experimente der letzten Jahrzehnte bestätigen die Existenz des Phänomens.

Quantität (lt. *quantitas, quantum*): Größe, Menge, Größenbeschaffenheit, Größenbeziehung Der Begriff der Q. ist ein Grundbegriff für die Auffassung der Objekte, er setzt eine Vielheit gleichartiger Teile und ihre

Zusammenfassung zu einer Einheit (durch die vergleichend-beziehende Tätigkeit des Bewusstseins) voraus. Das Streben der Physik ist, die Qualität des Objektes auf seine Q. zurückzuführen. Die Physik gelangt so zu einer quantitativen Weltanschauung, während eine qualitative Weltanschauung bei Artunterschieden als Gegensätzen stehen bleibt. — Die Q. eines Urteils bezieht sich auf den Umfang des Subjektbegriffes, ob von allen Exemplaren oder nur einer Anzahl Exemplare dieses Begriffes das Prädikat bejaht oder verneint wird.

quantitativ (s. Quantität): die Quantität betreffend, der Größe oder Menge nach, größen- oder zahlenmäßig.

Quasiteilchen: Anregung eines Vielteilchensystems oder Festkörpers, die eine Energie-Impuls-Beziehung wie ein Teilchen aufweist. Außerhalb ihres Vielteilchensystems können Quasiteilchen nicht auftreten.

quaternio terminorum (lt.) nennt man den Fehler im Schluss, der durch Zweideutigkeit eines der drei Begriffe (Oberbegriff, Mittelbegriff, Unterbegriff) im Schluss entsteht.

Qubit: siehe Quantenbit.

Radioaktivität: Aussendung ionisierender Strahlung von instabilen Atomkernen in Form von Alpha- oder Betateilchen bzw. Gammastrahlen, Protonen, Neutronen und Neutrinos. Der Kern wandelt sich dabei in einen anderen Zustand um.

rational (lt. *rationalis* von *ratio*): vernunftgemäß, vernünftig. Im Ggstz. zu empirisch und sinnlich heißt r.: aus der Vernunft stammend, begrifflich, logisch bestimmt. So ist die r. Psychologie bestrebt, das Wesen der Seele zu bestimmen und aus dem Begriff der Seele die Tatsachen des Seelenlebens zu folgern; Ggstz.: empirische Psychologie. Die r. Theologie macht sich zur Grundaufgabe, das Dasein Gottes zu beweisen. Die r. Kosmologie will das Wesen der Welt bestimmen. Kant (1724—1804) hat die Fehlschlüsse (Paralogismen und Antinomien) dieser Richtungen aufgedeckt.

Rationalismus (s. rational): Vernunftstandpunkt; 1. erkenntnistheoretisch: die Ansicht, dass der Ursprung der Erkenntnis ganz oder doch hauptsächlich in der Vernunft, im Denken liegt; Ggstz.: Empirismus, Sensualismus. Das Streben des R. besteht deshalb darin, aus obersten Vernunftprinzipien die gesamte Erkenntnis herzuleiten. Der R. wurde von vielen griechischen Philosophen vertreten, z. B. den Pythagoreern, den Eleaten, Heraklit, Sokrates, Plato u. a., in der neueren Philosophie wurde er begründet durch Descartes (1596—1650), ferner vertreten von Spinoza, Leibniz, Wolfs, Fichte, Schelling, Hegel, Herbart u. a. 2. religions- und rechtsphilosophisch: die Ansicht, dass als Wesen aller geschichtlichen Religions- und Rechtssysteme eine natürliche oder Vernunftreligion und ein Natur- oder Vernunftrecht zu gelten haben, nach denen jene zu beurteilen sind; Ggstz.: Positivismus, Historismus. Eine Vernunftreligion nahmen an: die englischen Deisten, z. B. Herbert von Sherbury, Locke, Toland, Collins, Tindal, Shaftesbury, in Deutschland Wolff, Spalding, Semler, Reimarus, Lessing u. a. Die Theorie des Naturrechts vertraten z. B. Grotius, Locke, Pufendorf u. a.

Raum und Zeit sind Formen unserer Anschauung. Alle Dinge und Vorgänge nehmen wir in R. u. Z. wahr. Nur was sich den Anschauungsformen fügt, kann Gegenstand der Erfahrung sein. Der R. ist die Form der Dinge, die Z. ist die Form des Geschehens. In der transzendentalen Ästhetik seiner Kr. d. r. V. hat Kant (1724—1804) R. u. Z. kritisch untersucht. Nach ihm haben sie transzendentale Idealität, d. h. sie gehören zu unserer Vorstellung von den Dingen, nicht zu ihnen selbst; d. h., sie sind ebenso wirklich wie die Erfahrungsgegenstände, die nur in ihnen erscheinen können. R. u. Z. sind uns nicht als fertige Formen angeboren (Lehre des Nativismus, Präformationssystem), sondern, wie auch Kant lehrt, ursprünglich erworben, d. h. sie entstehen mit der Erfahrung. Die Apriorität der Anschauungsformen bedeutet, dass sie zu den Voraussetzungen der Erfahrung gehören. – Der Raum des Gesichtssinns ist als Form unserer Anschauung zwar wirklich (s. d.), aber nicht real (s. d.), weil er vom Bewusstsein des Betrachters abhängt -- (s. a. Raumzeit).

Raumschwelle nennt man den Abstand, den zwei punktuelle Druckreize haben müssen, um den Eindruck einer getrennten Berührung hervorzurufen. Die R. beträgt z. B. an der Zungenspitze 1 mm, an den Fingerspitzen 2 mm, am Oberschenkel bis 68 mm.

Raumzeit: In der Relativitätstheorie werden Raum und Zeit zu einer einheitlichen vierdimensionalen Struktur mit speziellen Eigenschaften unter dem Namen Raumzeit vereinigt.

Reaktion (lt. *re actio*): Gegenwirkung, Rückwirkung, die sich überall da in der Natur zeigt, wo eine Einwirkung (Aktion) stattgefunden hat. Zu den Prinzipien der Mechanik gehört auch der Satz von der Gleichheit der Wirkung (Aktion) und Gegenwirkung (R.). Actio in distans (lt.) = Wirkung in die Ferne.

Reaktionsversuche sind psychologische Experimente, mittels Einwirkung äußerer Reize die Geschwindigkeit und den Bewusstseinsverlauf gewisser psychischer Vorgänge (z. B. Wiedererkennen, Unterscheiden, Reproduzieren) zu bestimmen.

real (lt. *res*): in der Sache (nicht bloß im Denken) bestehend, daher: selbstständig, unabhängig vom Denken oder Bewusstsein seiend, außerhalb des Gedachtseins existierend. Oft wird r. auch im Sinne von: objektiv = sachlich, gegenständlich, dinglich oder im Sinne von: wirklich gebraucht. Ggstz.: ideal.

Realdefinition (s. real + Definition): Sacherklärung, Darlegung des Inhaltes eines Begriffes. Ggstz.: Nominaldefinition.

Realen (s. real) nannte Herbart (1776 bis 1841) die einfachen und unveränderlichen Wirklichkeitsbestandteile, Seinselemente.

Realisierung (s. real): Verwirklichung, Vergegenständlichung, Bestimmung realer Gegenstände und Vorgänge (wie in Naturwissenschaften, Geisteswissenschaften, Metaphysik).

Realismus (s. real). 1. Im Universalienstreit des Mittelalters ist R. die Ansicht, dass die Allgemeinbegriffe (Universalien) ein selbstständiges Dasein hätten, nicht etwa subjektive Begriffe oder bloße Namen seien. Diese Ansicht wird daher auch Begriffsrealismus, wie ihn schon Plato (427—347) in seiner Ideenlehre vertrat, genannt. Hauptvertreter dieses R. war Anselm v. Canterbury (1033—1109). Nach heutigen Begriffen wäre dieser R. als Idealismus zu bezeichnen. Ggstz.: Nominalismus. 2. Erkenntnistheoretisch ist R. der Standpunkt, dass es eine vom erkennenden Subjekt unabhängige Außenwelt gibt. Dabei erklärt der naive R. schlechthin alle Wahrnehmungen für real, für Abbilder der Außenwelt, während der kritische R. die Realitätsbestimmung auf Grund einer Prüfung des Wahrnehmungsinhaltes vornimmt. Realisten verschiedener Färbung sind z. B. Demokrit (um 460—370), Aristoteles (384—322), die Stoiker, Descartes (1596—1650), Locke (1632—1704), Kant (1724 bis 1804), Herbart (1776—1841), Lotze (1817—1881), Wundt (1832—1920), Riehl (1844–1924), Külpe (1862–1915). Ggstz.: Konszientialismus (Idealismus).

Realität (s. real): selbstständige, vom Bewusstsein oder Denken unabhängige Wirklichkeit (s. d.); Dinglichkeit; auch objektive Gültigkeit. Ggstz.: Idealität. Empirische R. s. Idealität.

Rechtsphilosophie untersucht den Ursprung, das Wesen, die Prinzipien, den Wert und Zweck des Rechts.

Redoxreaktion: chemische Reaktion, bei der ein Reaktionspartner Elektronen auf den anderen überträgt. Hierbei findet also eine Elektronenabgabe (Oxidation) durch einen Stoff sowie eine Elektronenaufnahme (Reduktion) statt. Jede Verbrennung stellt eine Redoxreaktion dar.

Reflexbewegung (lt. *re—flecto*): unwillkürliche Bewegung, die dadurch entsteht, dass ein äußerer oder innerer Reiz mittels eines Nervenzentrums von sensorischen auf motorische Nerven übertragen wird.

Reflexion (lt. *re—flecto*): 1. innere Wahrnehmung, Selbstbeobachtung, innerer Sinn; 2. Nachdenken, Überlegen. Ggstz.: Sensation.

Reflexionsmoral (s. Reflexion + Moral) = ethischer Intellektualismus: derjenige ethische Standpunkt, der den Beweggrund zum sittlichen in einer vernünftigen Überlegung erblickt. Diesen Standpunkt nahmen ein z. B.: Sokrates (469—399), Plato (427—347), Aristoteles (384—322), die Stoiker, Epikureer, Thomas von Aquino (1225—1274), Hobbes (1588 bis 1679), Cudworth (1617—1688), Clarke (1675—1729), Leibniz (1646 bis 1716), Wolff (1679—1754), Kant (1724—1804), Hegel (1770 bis 1831). Ggstz.: Gefühlsmoral.

Regress (lt. *regressus*): Rückgang vom Bedingten zur Bedingung, von der Folge zum Grund, vom Besonderen zum Allgemeinen; Ggstz.: Progress. Regressiv = analytisch: vom Besonderen zum Allgemeinen schreitend; Ggstz.: progressiv.

Regulation: s. biologische Regulation.

regulativ (lt. *regula*): Richtung angebend, wegweisend; Ggstz.: konstitutiv. R. Prinzip: Anweisung oder Regel zur Auffindung des Gegenstandes, Regel für die zweckmäßige Bearbeitung der Erfahrungstatsachen, zweckmäßige Forschungsrichtung, Gesichtspunkt für ein System des Wissens.

Reiz: 1. psychologisch: R. nennt man in der Psychologie die Ursache einer Empfindung. Der R. ist ein äußerer (physikalischer), wenn er in einem Vorgang der Außenwelt besteht, ein innerer (physiologischer), wenn er in einem Vorgang in unserem eigenem Körper (z. B. Blutumlauf) besteht. Ein innerer R. außerhalb des Gehirns heißt peripherer R., als Vorgang im Gehirn heißt er zentraler R. Ein R., dem ein Sinnesorgan angepasst ist, heißt adäquat (z. B. Lichtstrahlen-Gesichtssinn), andernfalls inadäquat (z. B. elektrischer Strom-Gesichtssinn). 2. biologisch: Stimulus, Signal. Rezeptoren in Körperzellen oder Organen nehmen physikalische oder chemische Signale aus der Umwelt oder dem Inneren auf, wandeln die Energie des Reizes um (Signaltransduktion), leiten ihn weiter über spezifische Signalübertragungswege und bewirken eine Veränderung der Funktion oder des Verhaltens von Körperzellen, Organen oder des ganzen Organismus.

Reizhöhe heißt die Reizstärke, die eine nicht mehr zu steigernde Empfindung, noch keine Schmerzempfindung auslöst, und die das Sinnesorgan noch ohne Schädigung verträgt.

Reizschwelle heißt die Reizstärke, die eben hinreicht, um eine Empfindung auszulösen.

Rekognition (lt. *recognitio*): Wiedererkennung. Nach Kant (1724—1804) ist die Apprehension das Erfassen des Vorstellungsinhaltes in der Anschauung, die Reproduktion die Wiedervergegenwärtigung des früheren Vorstellungsinhaltes, die R. Das Bewusstsein, dass der reproduzierte Vorstellungsinhalt derselbe ist, wie der früher apprehendierte. Durch die R. werden die reproduzierten Vorstellungen verglichen und zur Einheit des Begriffes gebracht. Apprehension, Reproduktion und R. sind demnach Grundbedingungen der Erfahrung.

Relation (lt. *relatio* von *re-fero*): 1. philosophisch: Beziehung, Verhältnis. So gibt es eine R. zwischen Begriffen, z. B. Subjekt-Objekt, Ursache—Wirkung, zwischen Dingen, nämlich ihre räumlichen, zeitlichen, kausalen Beziehungen. Kant (1724—1804) teilte die Urteile nach der R., d. h. nach dem Verhältnis zwischen Subjekt und Prädikat, ein in kategorische (unbedingte), hypothetische (bedingte) und disjunktive (zwischen Gegensätzen nicht entscheidende) Urteile. 2. mathematisch: Eine Beziehung zwischen je zwei Elementen a und b, die geordnete Paare (a, b) bilden, ist eine zweistellige R. 3. physikalisch: Funktion, Wechselwirkung (s. d.).

relativ (s. Relation): verhältnismäßig, beziehungsweise, auf etwas Bezug habend, bedingt. Ggstz.: absolut.

Relativismus (s. Relation): 1. erkenntnistheoretisch: die Ansicht, dass alle Erkenntnis relativ sei, und zwar a) dass es unbedingte, allgemeingültige Erkenntnis nicht gibt, dass vielmehr alle Erkenntnis von zufälligen Umständen abhängig und nur für gewisse Verhältnisse gültig sei. Diese Ansicht wurde z. B. von den Sophisten und den Skeptikern des Altertums vertreten; b) dass wir das An-sich der Dinge nicht erkennen, sondern nur die gesetzlichen Beziehungen (Relationen) zwischen den Erscheinungen. Diese Ansicht wird z. B. vertreten von Kant (1724—1804), Comte (1798—1857), Spencer (1820 bis 1903), den Positivisten; 2. ethisch: die Ansicht, dass es keine allgemeingültigen sittlichen Normen gibt, dass diese vielmehr von gewissen Umständen (Zeit, Nation usw.) abhängen.

Relativität (s. Relation): Bezüglichkeit, Abhängigkeit, Bedingtheit.

Relativitätstheorie: 1. In der speziellen R. (Einstein, 1905) gilt die Annahme oder Erkenntnis, dass man aus Beobachtungen irgendwelcher Art innerhalb eines geschlossenen Systems nichts über die geradlinige und gleichförmige Bewegung dieses Systems erfahren kann, dass sich nämlich alle Erscheinungen in ihm in genau derselben Weise abspielen, ob es nun ruht oder sich gleichförmig und geradlinig bewegt. 2. Darauf aufbauend schuf Einstein die allgemeine Relativitätstheorie für beschleunigte, geradlinige oder für ungeradlinige Bewegung, insbesondere für Rotation. In der a. R. wird die Gravitation auf eine Krümmung von Raum und Zeit (= Raumzeit) zurückgeführt. Die Raumzeitkrümmung wird unter anderem durch die beteiligten Massen und Energien verursacht.

Religionsphilosophie beschäftigt sich mit dem Ursprung, dem Wesen, Inhalt und Wert der Religion sowie deren Beziehung zum übrigen Geistesleben des Menschen.

Renaissance (frz. vom lat. *re—nascor*) ist in der Geschichte der Wissenschaft die Wiedergeburt des freien wissenschaftlichen Geistes, die Befreiung vom mittelalterlichen kirchlichen Joch und der Autorität des kirchlichen Aristoteles, die Erneuerung der wissenschaftlichen Forschung um ihrer selbst willen. Die R. umfasst ungefähr das 15.—17. Jahrh., sie beginnt mit dem Humanismus (s. d.), der dann durch die Bekanntmachung mit der Wissenschaft des Altertums die selbstständige Erforschung der natürlichen und geistigen Wirklichkeit in die Wege leitete.

Replikation bezeichnet den Vervielfältigungsprozess bzw. die Verdoppelung des Erbinformationsträgers DNA in einer Zelle. Bei Eukaryoten wird die R. in der Regel vor der Zellteilung angestoßen. Am Anfang des Replikationsprozesses wird erst die doppelsträngige DNA mithilfe des Enzyms Helikase aufgespalten. Allerdings müssen die Bindungskräfte zwischen den Einzelsträngen überwunden werden. Dies geschieht erst ab einer bestimmten Temperatur, dem sogenannten Schmelzpunkt. Die Energie von absorbiertem Licht kann unter anderem dazu dienen, den Schmelzpunkt zu erreichen, während das Enzym Helikase den Prozess der Aufspaltung steuert. Zum Zweck der Replikation werden jeweils kurze DNA-Abschnitte nach ihrem Vorbild synthetisiert. Zum Abschluss der Replikation verknüpft das Enzym Ligase die neuen DNA-Abschnitte zu einem einzigen neuen Strang. Insgesamt handelt es sich um einen komplexen Produktionsprozess.

Reproduktion (lt. *re pro—duco*): 1. physiologisch: Wiedererneuerung verbrauchter Stoffe im Organismus; 2. psychologisch: Wiederauftauchen früherer Erlebnisse (insbesondere früherer Wahrnehmungen als Vorstellungen) im Bewusstsein. Die R. erfolgt nach Assoziationsgesetzen, sie ist die Grundlage für Gedächtnis, Erinnerung, Auswendiglernen, Fantasie. Vgl. auch Rekognition. S. a. Methoden.

Reproduktionstendenz (s. Reproduktion + Tendenz): die beim Auftauchen einer Vorstellung auftretende Neigung, eine mit ihr früher assoziierte Vorstellung wieder ins Bewusstsein zurückzurufen.

reproduzieren (lt. *re pro—duco*): Wiederherbeiführen, wieder ins Gedächtnis (Bewusstsein) zurückrufen.

Restriktion (lt. *re—stringo*): Einschränkung des Umfanges eines Begriffes, Einschränkung der Gültigkeit eines Urteils.

Rezeptivität (lt. *re—cipio*): Aufnahmefähigkeit, Empfänglichkeit. Nach Kant (1724—1804) ist R. Das Wesen der Sinnlichkeit, durch äußere Gegenstände zu Wahrnehmungen, Anschauungen angeregt (affiziert) zu werden. Ggstz.: Spontaneität.

reziprok (lt. *reciprocus, reciproco*): wechselseitig. R. Begriffe sind solche Begriffe, deren Umfänge zusammenfallen.

Rhetorik (gr. *rhētoriké*): Redekunst.

Rhizopoden (Wurzelfüßer): Als R. bezeichnet man heterotrophe Protozoen, deren Protoplasma zum Zweck der Nahrungsaufnahme oder Fortbewegung Ausstülpungen bilden kann, die sogenannten Scheinfüßchen (Pseudopodien).

Ribosomen: makromolekulare Komplexe aus Proteinen und Ribonukleinsäuren (RNA), die im Zytoplasma, in den Mitochondrien und in den Chloroplasten vorkommen. An ihnen werden Proteine hergestellt.

richtig s. wahr.

Rigorismus (lt. *rigor*): strenge, ausnahmslose Anwendung eines allgemeinen Gesetzes. Der ethische R. verlangt ein Handeln allein aus Pflichtbewusstsein, unbekümmert um Lust, Lebensfreude, Glückseligkeit. Diesen R. vertreten z. B. die Stoiker, Pietisten, auch Kant (1724 bis 1804).

Rindenblindheit ist Blindheit infolge Zerstörung der Sehsphäre im Hinterhauptlappen. Rindentaubheit ist Taubheit infolge Zerstörung der Hörsphäre (im Schläfenlappen).

RNA: Ribonukleinsäure, deren wesentliche Funktion in der biologischen Zelle die Umsetzung von genetischer Information in Proteine ist (Proteinbiosynthese, Transkription und Translation)

Rotverschiebung: s. Dopplereffekt.

Schein ist im Ggstz. zum Sein das dem wahren Sein nicht völlig entsprechende Bild desselben, wie es unsere Sinne liefern. Der Sinnenschein ist daher auch gleichbedeutend mit Sinnestäuschung. Die Sinneswahrnehmungen als solche sind aber weder wahr noch falsch, ihnen lastet somit kein Sch. an. Dieser geht erst aus der Beurteilung der Wahrnehmungen hervor. Der Sch. kann also nur im Urteil entstehen, und zwar dadurch, dass das Subjektive an der Wahrnehmung für objektiv gehalten wird. Sch. und Erscheinung sind daher nach Kant (1724—1804) wohl zu unterscheiden. Der logische Sch., wie er bei den Trugschlüssen zu finden ist, entspringt nach Kant „lediglich aus einem Mangel der Achtsamkeit auf die logische Regel". Der metaphysische oder transzendentale Sch., wie er sich in den Antinomien kundgibt, entsteht infolge von Überschreitung der Erfahrungsgrenzen.

Schellingianismus ist besonders die Identitätsphilosophie Schellings (1775—1854) und seiner Anhänger. Schellings Philosophie ist sonst noch gekennzeichnet durch das Absolute, die Indifferenz, Idealismus, Mystik, Theosophie, Teleologie.

Schema (gr. *schéma*): allgemeine Gestalt, Form einer Gruppe gleichartiger Gegenstände. Das Sch. hält nach Kant (1724—1804) die Mitte zwischen Einzelding (Anschauung) und Begriff, es vermittelt daher zwischen beiden, um eine Anwendung des Begriffes auf die Anschauung (Einzelding) zu ermöglichen, oder m. a. W. Es ist eine Regel für die Anwendbarkeit eines Begriffes auf ein Einzelding. In diesem Sinne versteht Kant unter transzendentalem Sch. die Ermöglichung der Anwendung der Kategorien auf Erscheinungen. Jede Kategorie hat ihr eigenes Sch. So ist die Zahl das Sch. der Größe, das Sein in der Zeit (erfüllte Zeit) ist das Sch. der Realität, das Nichtsein in der Zeit (leere Zeit) ist das Sch. der Negation, die Beharrlichkeit des Realen in der Zeit ist das Sch. der Substanz, die regelmäßige Aufeinanderfolge das Sch. des Ursachenbegriffs usw. Kants Unterscheidung von Begriff und Sch. des Begriffs ist nicht gerechtfertigt, denn das Sch. ist ja der eigentliche Begriff. Schematismus der reinen Verstandesbegriffe ist bei Kant die Lehre von dem Sch. der Kategorien.

Schluss nennt man die Ableitung eines Urteils aus einem anderen Urteil oder mehreren anderen Urteilen. In ersteren Fall redet man von einem unmittelbaren Sch. (unmittelbarer Folgerung), im zweiten Fall von einem mittelbaren Sch. Der mittelbare Sch. vom Allgemeinen aufs Besondere heißt Syllogismus, der vom Besonderen aufs Allgemeine heißt Induktion. Der einfache Syllogismus leitet ein Urteil aus zwei anderen Urteilen ab, der zusammengesetzte aus mehr als zwei anderen Urteilen. Die beiden gegebenen Urteile eines einfachen Syllogismus heißen Vordersätze (Prämissen); das aus ihnen abgeleitete Urteil heißt Schlusssatz (conclusio). Die Vordersätze enthalten einen gemeinsamen Bestandteil, den Mittelbegriff (terminus medius), der im Schlusssatz nicht vorkommt. Der Vordersatz, der das Prädikat des Schlusssatzes enthält, heißt Obersatz (propositio maior); der andere Vordersatz, der das Subjekt des Schlusssatzes enthält, heißt Untersatz (propositio mInor). Nach der Relation des Obersatzes teilt man die Syllogismen ein in kategorische, hypothetische und disjunktive. Die Lehre vom Syllogismus ist von Aristoteles (384—322), dem Vater der Logik, begründet.

Schlussfiguren nennt man die Formen des einfachen Syllogismus, die sich aus der Stellung des Mittelbegriffes (M) in den beiden Vordersätzen (Prämissen) ergeben. Bezeichnet man mit S den Subjektbegriff, mit P den Prädikatsbegriff des Schlusssatzes, so lauten die Schlussfiguren:

M—P	P—M	M—P	P—M
S—M	S—M	M—S	M—S
——	——	——	——
S—P	S—P	S—P	S—P

Die drei ersten Schlussfiguren stammen von Aristoteles (384—322), die letzte stammt von Galen (131—200).

Schlusskette ist die Verbindung zweier oder mehrerer Syllogismen derart, dass der Schlusssatz des einen Syllogismus (des Prosyllogismus) gleichzeitig Obersatz des folgenden Syllogismus (des Episyllogismus) ist. Eine abgekürzte Sch. ist der Kettenschluss oder Sorites.

Schlussmodi (lt. *modus*) nennt man die zu gültigen Schlüssen führenden Schlussarten, die sich nach den Schlussfiguren durch Verbindung der Prämissen hinsichtlich ihrer Quantität und Qualität ergeben. Von den 64 denkbaren Schlussarten führen nur 19 zu gültigen Schlüssen.

Schlusssatz s. Schluss.

Scholastik (gr. scholastikós, lt. *scholasticus*): Schulphilosophie. Sch. nennt man die Philosophie des Mittelalters vom 9.—16. Jahrh., mit ihrer Blütezeit im 13. und 14. Jahrh. Sie stand ganz im Dienst der Kirche, sie war die „Magd der Theologie"; ihre Aufgabe war die wissenschaftliche Begründung der Glaubenslehren (Dogmen), die Begründung und Ausbildung der Kirchenlehre als wissenschaftliches Schulsystem. Als Gewährsmann in philosophischen Dingen galt Aristoteles. Hauptvertreter der Sch., Scholastiker genannt, sind z. B. Scotus Eriugena (um 810 bis 877), Anselm v. Canterbury (1033 bis 1109), Abälard (1079—1142), Petrus Lombardus († 1164), Albertus Magnus (1193—1280), Thomas v. Aquino (1225—1274), Duns Scotus (1274—1308), Wilhelm v. Occam (1270—1347).

scholastisch (s. Scholastik) nennt man die schulmäßige Behandlung sachlicher Schwierigkeiten durch Wortklaubereien und logische Spitzfindigkeiten.

schottische Schule nennt man die von den schottischen Philosophen, besonders von Reid (1710—1796), Stewart (1753—1828), Oswald († 1793), Beattie (1735—1803) begründete Richtung, die in Humes Lehre die der Wissenschaft, Moral und Religion gefahrdrohende Folge der Lehren Lockes und Berkeleys und die alleinige Rettung in dem Standpunkt des gemeinen, gesunden Menschenverstandes (common sense) erblickte.

Schrödingergleichung: Die S. ist eine auf Teilchensysteme anwendbare Bewegungsgleichung, welche die Dynamik des quantenmechanischen Zustands solcher Systeme beschreibt, solange an diesen keine Messung vorgenommen wird. Die meist komplexen Lösungen bestimmen die erlaubten Wellenfunktionen (s. d.) und Energien. Die S. ist die Grundlage für fast alle praktischen Anwendungen der Quantenmechanik.

Schwarzes Loch: Raumbereich, dessen Anziehungskraft so extrem stark ist, dass aus ihm etwas, was Energie hat, nicht nach außen gelangen kann.

Scotismus, Scotisten s. unter Thomismus.

Seele: 1. System aller biologischen Regulationen (s. d.) eines Körpers. 2. Subjekt der Bewusstseinsvorgänge, meist gleichbedeutend mit - Geist im Ggstz. zu Leib, Körper. Je nach dem philosophischen Standpunkt wechselt die Auffassung im einzelnen. Von jeher hat sich das philosophische Denken mit dem Probleme der S., was sie ihrem Wesen nach ist, wo ihr Sitz ist, beschäftigt, bis Kant (1724—1804) (vor ihm auch schon Locke und Hume) nachwies, dass das Problem unlösbar ist, weil unser Erkenntnisvermögen übersteigend. Die metaphysische Seelenlehre behandelt a. die Frage nach dem Wesen der S. Dieses bestimmen verschieden
 a) die Substantialitätstheorie
 b) die Aktualitätstheorie;
b. die Frage nach der Art der Grundeigenschaften oder -fähigkeiten der S. Hierauf antworten verschieden
 a) der Intellektualismus,
 b) der Voluntarismus.

Seelenblindheit und Seelentaubheit nennt Munk die trotz wohlerhaltenen Empfindungsvermögens der Sinne und sonst ungestörter Intelligenz vorhandene Unfähigkeit, wahrgenommene Gegenstände erkennen und benennen, sowie die mit ihnen gemachten Erfahrungen erinnern zu können.

Sehpurpur ist ein in der gedunkelten Netzhaut vorhandener roter Farbstoff, der bei Lichteinwirkung farblos wird.

Sein: 1. logisch: bedeutet es im Urteil die Verbindung (Kopula) des Prädikats mit dem Subjekt, z. B. S ist P; 2. erkenntnistheoretisch: ist es gleichbedeutend mit: Dasein, Existenz, Wirklichkeit. In diesem Sinne in Wahrnehmungsurteilen gebraucht; 3. metaphysisch: bedeutet es die absolute, beharrliche Existenz, im Gegensatz zum Werden. In diesem Sinne redeten die Eleaten von dem einen, beharrlichen Sein.

sekundär (lt. *secundus*): an zweiter Stelle, nachfolgend, untergeordnet, abhängig. Ggstz.: primär. Sekundäre Qualitäten s. Qualität.

Selbstassemblierung: Prozesse der Struktur- und Musterbildung, die autonom, also ohne äußerliche Einwirkungen, ablaufen.

Selbstbewusstsein s. Bewusstsein.

Selbstorganisation: eine Form der Systementwicklung, bei der die formgebenden, gestaltenden und beschränkenden Einflüsse von den Elementen des sich organisierenden Systems selbst ausgehen. Die S. gestaltet oder beschränkt das System, ohne dass erkennbare äußere steuernde Elemente vorliegen.

Selektion (lt. *selectio* von *seligo*): Auslese, Zuchtwahl. Natürliche S. ist nach Ch. Darwin (1809—1882) die durch den Kampf ums Dasein bewirkte Auslese und Erhaltung der kräftigsten, den Lebensbedingungen am besten angepassten, geeignetsten Individuen. Diese Theorie hat die Veränderlichkeit und Erblichkeit von Merkmalen oder Eigenschaften zur Voraussetzung.

Sensation (lt. *sensus*, *sentio*): sinnliche (äußere) Wahrnehmung, Sinnesempfindung, äußerer Sinn. Ggstz.: Reflexion. S. und Reflexion nennt Locke (1632—1704) die Quellen der Erfahrung, jene die Quelle der äußeren, diese die Quelle der inneren Erfahrung.

Sensibilität (lt. *sensibilis*): Empfindlichkeit, die Fähigkeit, sinnlich zu empfinden. Sensibel: 1. sinnlich wahrnehmbar, Ggstz.: intelligibel; 2. empfindlich, reizbar.

sensorische Nerven (lt. *sensus* von *sentio*): Empfindungsnerven, Sinnesnerven; Ggstz.: motorische Nerven.

Sensualismus (lt. *sensus* von *sentio*): Sinnlichkeitsstandpunkt, 1. erkenntnistheoretisch: derjenige Standpunkt, der alle Erkenntnis aus sinnlichen Erlebnissen ableitet; in schärfster Form: der alle Erkenntnis nur als ein Erzeugnis der Sinnestätigkeit ansieht, das Denken aus dem Empfinden herleitet. Vertreter des S., Sensualisten genannt, waren z. B. Berkeley (1685—1753), Hume (1711 bis 1776), in schärfster Form z. B. Condillac (1715—1780). Ggstz.: Rationalismus, Kritizismus; 2. ethisch: die Ansicht, dass Beweggrund und Ziel des sittlichen Handelns sinnliche Lust sei. Vgl. Hedonismus.

simultaner Farbenkontrast (lt. *simul*, frz. *contraste*) ist die Erscheinung, dass jede Farbe in ihrer Umgebung die Gegenfarbe erweckt. So erscheint z. B. ein schmaler grauer Streifen auf grünem Untergrund rot.

singular oder singulär (lt. *singularis*): einzeln. Ein s. Urteil oder Einzelurteil ist nach Kant (1724—1804) ein Urteil, dessen Prädikat nur einem einzelnen Individuum zu- oder abgesprochen wird.

Singularismus (s. singular): diejenige metaphysische Richtung, die 1. nur Gott als die eine Weltursache kennt; 2. nur ein All, ein Universum annimmt; 3. die Vielheit des Mannigfaltigen aus einem einzigen Prinzip erklärt, wie z. B. die nachkantischen Idealisten (logischer S.); 4. die Einheit des Ideals annimmt, das sie in Gott oder dem All erblickt und auch wohl als Zweckursache auffasst, wie z. B. bei Pantheisten und Panentheisten; 5. nur quantitativ verschiedene Elemente des Seins (Atome) annimmt, wie z. B. bei Materialisten, Spiritualisten, Monisten. Ggstz.: Pluralismus.

Sinn: 1. äußerer S. = äußere Wahrnehmung, bei Locke (1632—1704) mit Sensation bezeichnet; 2. innerer S. = innere Wahrnehmung, die Wahrnehmung der Vorgänge und Zustände des Gemüts, bei Locke mit Reflexion bezeichnet. Da die Wahrnehmung nur Erscheinungen liefert, können wir nach Kant (1724—1804) auch das An-sich der Seele nicht erkennen. 3. S. = Bedeutung (s. d.).

Sinnesqualitäten (s. Qualität): Empfindungsweisen wie z. B. rot, blau, warm, kalt, süß, bitter usw. Diese S. sind lediglich Zustände unseres Bewusstseins, sind subjektiv und nicht reale Eigenschaften der wahrgenommenen Körper. Diese Subjektivität der S. lehrte zuerst Demokrit (um 460—370), danach z. B. Aristipp (um 435—355), Epikur (341 bis 270), Galilei (1564—1641), Gassendi (1592—1655), Descartes (1596 bis 1650), Hobbes (1588—1679), Locke (1632—1704).

Sinneszentren nennt man Teile der Großhirnrinde, die als Sitz bestimmter psychischer Funktionen anzusehen sind. So liegt z. B. die Körperfühlsphäre namentlich in der Gegend der beiden Zentralwindungen, die Hörsphäre im Schläfenlappen, die Sehsphäre im Hinterhauptslappen. Diese S. sind nicht bloß Eintrittsstellen sensorischer Nerven in die Großhirnrinde, sondern auch Ausgangsstellen motorischer Nerven. S. a. Brocasche und Wernickesche Region.

Sinnlichkeit: 1. die Fähigkeit, durch Nervenreize Empfindungen zu haben, Empfänglichkeit für Sinneseindrücke. In diesem Sinne versteht auch Kant (1724—1804) die S. als Fähigkeit, durch Gegenstände zu Vorstellungen affiziert zu werden. 2. Neigung zur Sinnenlust.

Skepsis oder **Skeptizismus** (gr. *sképsis*): Zweifelsstandpunkt. Insbesondere ist S. derjenige erkenntnistheoretische Standpunkt, der grundsätzlich jede Erkenntnis bezweifelt oder doch die Gewinnung sicherer Erkenntnis für unmöglich, allgemeingültige Wahrheit für ausgeschlossen hält. Anfänge des S. finden sich z. B. schon bei den Sophisten. Als ausgeprägten philosophischen Standpunkt vertreten den S. z. B. die Skeptiker: Pyrrhon von Elis (um 330 v. Chr.), Philon (um 300 v.Chr.), Timon (325—235), Arkesilaos (316—241), Aenesidemos (um 100 n. Chr.), Sextus Empirikus (um 200 n. Ehr.), in der neueren Philosophie z. B. Montaigne (1533 bis 1592), Pierre Bayle (1647 bis 1705), G. E. Schulze (1761—1833). Der S. als Standpunkt ist der Tod der Wissenschaft, als methodisches Mittel aber regt der

Zweifel zu kritischen Untersuchungen an, wie z. B. bei Descartes (1596—1650), gründlicher noch bei Hume (1711—1776). In letzterem Sinne führt der S. zum Kritizismus. Ggstz.: Dogmatismus.

skeptisch (gr. *skeptikós*): im Sinne des Skeptizismus, Zweifelnd.

Solipsismus (lt. *solus ipse*) oder theoretischer Egoismus: derjenige erkenntnistheoretische Standpunkt, der nur an die Existenz des eigenen Ichs und seine Erlebnisse glaubt, alles andere, die wahrgenommenen Körper und anderen Geister, für bloße Vorstellungen hält. Der S. ist eine besondere Form des subjektiven Idealismus, er wird z. B. vertreten von v. Schubert-Soldern (1852–1924).

Somatologie (gr. *sóma lógos*): Lehre vom Körper; Ggstz.: Lehre von der Seele (Psychologie).

Sophisma (gr. *sóphisma*): Trugschluss.

Sophisten (gr. *sophistai*): waren anfangs Männer der Wissenschaft, die dem Zug der Zeit folgend als Aufklärer, Volksbelehrer öffentlich austraten. Allmählich aber suchten die S. hieraus ein Geschäft zu machen, ließen sich bezahlen. Gleichzeitig zielten ihre Vorträge immer mehr allein auf den praktischen Zweck, Beredsamkeit zu lehren. Aus der Beredsamkeit wurde schließlich Rechthaberei. Rechtsverdrehung mittels spitzfindiger Beweisführung und Trugschlüsse, aus Wissenschaft wurde wertlose Scheinweisheit oder Afterweisheit. Dieser Auswuchs hat dem Namen: Sophist eine üble Bedeutung gegeben. Der bedeutendste und wissenschaftlichste der S. ist Protagoras (etwa 480—410), andere S. sind z. B. Gorgias (483—375), Hippias (um 430 v. Chr.), Prodikos (um 430 v. Chr.). Von den S. im üblen Sinne wissen wir nur aus Platos und Aristoteles' Schriften.

Sophistik (s. Sophisten) ist nach Aristoteles (384—322) Scheinweisheit oder Afterweisheit. Sophisterei ist das Überreden durch Spitzfindigkeiten und Trugschlüsse. Sophistisch: trügerisch.

Sorites (gr. *sōritēs, sōrós*): Kettenschluss (s. d.)

Soziologie (lt. *socius* + gr. *lógos*): Lehre von den Grundbedingungen der menschlichen Gesellschaft. Der Name stammt von Comte (1798 bis 1857), dem Begründer der neueren S.

Spekulation (lt. *speculatio*): geistige Anschauung, beschauliches Denken, Streben nach übersinnlicher, die Erfahrung übersteigender Erkenntnis. Im Allgemeinen ist S. das Streben nach einheitlichem Zusammenschluss (Systematik) der Tatsachen aufgrund ihrer Prinzipien.

spekulativ (s. Spekulation) ist das Denken, das den hinter der Erfahrungswelt liegenden, ihr zugrunde liegenden Zusammenhang erforschen will, das also die Welt philosophisch (metaphysisch) erfassen will.

spezifische Energie der Sinnesnerven nannte Johannes Müller (1801 bis 1858) die Erklärung für die Tatsache, dass jeder irgendwie gereizte Sinnesnerv nur eine einzige, ihm eigentümliche Klasse von Empfindungen hervorrufen kann.

Sphygmograph (gr. *sphygmós*): Verrichtung, welche die Pulswelle durch eine Kurve aufzeichnet. Der S. dient namentlich zur Feststellung der Schwankungen des Blutdrucks innerhalb der Pulswelle bei Affekten und Gefühlen.

Spin: in der Teilchenphysik der Eigendrehimpuls von Teilchen.

Spinozismus ist die Philosophie Spinozas (1632—1677), besonders gekennzeichnet durch Pantheismus. Früher wurde der Ausdruck auch oft im Sinne von Atheismus gebraucht.

Spiritualismus (lt. *spiritus*): die metaphysische Ansicht, dass das wahrhaft Seiende, die Wirklichkeit ihrem Wesen nach geistig (geistige Substanz) sei, aus geistigen, seelischen Wesen bestehe, während die Körper nur Vorstellungen oder Erscheinungen einer rein geistigen Wirklichkeit seien. Vertreter des S., Spiritualisten genannt, sind z. B. Leibniz (1646—1716), Berkeley (1685 bis 1753). Schärfster Ggstz.: Materialismus.

spiritualistisch (s. Spiritualismus): im Sinne des spiritualismus.

Spontaneität (lt. *spontaneus*): Selbsttätigkeit, Selbstbestimmung Fähigkeit des Hervorbringens von innen. Nach Kant (1724—1804) ist S. Das Wesen des Verstandes, Begriffe selbst hervorzubringen, also die Fähigkeit, Begriffe zu bilden.

Sprachzentrum oder -region zerfällt in 1. die motorische Region, s. Brocasche Region; 2. die sensorische oder akustische Region, s. Wernickesche Region. Das S. ist nur linksseitig ausgebildet.

Spur (oder Residuum, Engramm, Reproduktionsgrundlage) nennt man in der Psychologie eine gewisse Nachwirkung, die jede durch einen Reiz verursachte physiologische Erregung in der Großhirnrinde hinterlässt; sie wirkt erleichternd für den Wiedereintritt derselben Wirkung bei gleicher Reizung.

Stammzelle: Körperzellen, die sich in verschiedene Zelltypen oder Gewebe ausdifferenzieren können und die durch folgende Eigenschaften charakterisiert werden, die sie von anderen Körperzellen unterscheiden:
1. S. liegen in undifferenziertem Zustand vor.
2. S. besitzen eine praktisch unbegrenzte Teilungsfähigkeit.
3. S. können ihren Stammzellencharakter durch Selbsterneuerung unbegrenzt aufrechterhalten, indem bei der Zellvermehrung durch Zellteilung (Proliferation) innerhalb einer

Proliferationseinheit mindestens eine Tochterzelle mit den gleichen Eigenschaften wie die der Mutterzelle entsteht.

Embryonale Stammzellen repräsentieren den frühesten Zustand von Stammzellen. Sie besitzen eine weitere Eigenschaft:
4. Embryonale S. können sich in Derivate aller drei Keimblätter des Organismus differenzieren. Sie sind pluripotent.

Statik (gr. *statikós*): Lehre vom Gleichgewicht der Kräfte.

statischer Sinn (s. Statik): Gleichgewichtssinn. Das Organ dieses Sinnes sind der Vorhof und die halbzirkelförmigen Kanäle des Labyrinths (im inneren Ohr).

Stern-Gerlach-Versuch: Grundlegendes physikalisches Experiment, um den quantenmechanischen Effekt der Richtungsquantelung von Drehimpulsen zu erläutern.

Stoffwechsel: auch als Metabolismus bezeichnet. Gesamtheit der chemischen Prozesse in einem Organismus bestehend aus Aufnahme, Transport und chemischer Umwandlung von Stoffen sowie die Abgabe von Stoffwechselprodukten an die Umgebung.

Stoiker heißen die aus der Schule Zenons (um 340—265), der zu Athen in der bunten Halle lehrte, hervorgegangenen Philosophen, wie z. B. Kleanthes (um 331—233), Chrysippus (um 280—207); Stoiker der römischen Kaiserzeit sind z. B. Seneka (3—65), Epiktet (um 100 n. Chr.), Mark Aurel (121—180). Philosophie ist den St. in der Hauptsache Ethik, Lebensweisheit. In der Tugendübung besteht der Lebenszweck. Die Tugend allein reicht hin zur Glückseligkeit. Der wahrhaft Weise ist der, der naturgemäß =-vernunftgemäß lebt. Er ist der Tugendhafte, er ist sich selbst genug und bezwingt die Welt durch Bezwingung seiner eigenen Triebe, durch Gemütsruhe, die ihn nicht aus der Fassung kommen lässt.

stoisch: nach Art der Stoiker, unerschütterlich.

Stoizismus: Philosophie der Stoiker (s. d.).

Stringtheorie: Klasse eng verwandter hypothetischer physikalischer Modelle, die anstelle von Punktteilchen sogenannte Strings (engl. Fäden) als fundamentale Objekte mit eindimensionaler räumlicher Ausdehnung verwenden. Da nicht geklärt ist, ob die S. auf Experimente beruhende falsifizierbare Aussagen machen kann, muss bezweifelt werden, dass es sich hierbei überhaupt um eine wissenschaftliche Theorie handelt.

Stromatolithen sind biogene Sedimentgesteine, die infolge des Wachstums und Stoffwechsels von Mikroorganismen in Gewässern entstanden sind.

Subalternation (lt. *sub alterno*): Unterordnung engerer Begriffe unter allgemeinere Begriffe, besonderer Urteile unter allgemeine Urteile.

Subjekt (lt. *subjectum* von *subicio*): das Zugrunde liegende, der Träger. In der Logik ist das S. eines Urteils der Begriff, von dem das Prädikat ausgesagt wird, das dem Urteil Zugrunde liegende, der Träger der Aussage. In der Metaphysik ist das S. der Träger der Erlebnisse, das, was Wahrnehmungen und Vorstellungen, Gefühle und Begehrungen hat, das Ich. Das erkenntnistheoretische S. ist das von den Besonderheiten der Einzelsubjekte frei gedachte „Subjekt überhaupt", ein allgemeines, unpersönliches Bewusstsein, das „Bewusstsein überhaupt". S. und Objekt sind Korrelate. Die seit Kant (1724—1804) herrschende Auffassung von S. und Objekt war im Altertum und Mittelalter (bis in die Neuzeit) gerade umgekehrt, S. bedeutete den vom Erkennen unabhängigen Gegenstand, das unabhängige Sein, Objekt war das Vorgestellte, der Eindruck dieses S.

subjektiv (s. Subjekt): 1. im mittelalterlichen Sinne: dem Gegenstand zukommend, wirklich; 2. im neueren Sinne: dem auffassenden Geist angehörig, im Subjekt begründet, und zwar a) subjektiv-allgemein: zum Bewusstsein überhaupt gehörig, b) subjektiv-individuell: nur für den einzelnen Geist vorhanden und gültig. Ggstz.: objektiv.

subjektive Empfindung ist eine durch einen inneren Reiz (s. d.) ausgelöste Empfindung. Ggstz.: objektive Empfindung.

Subjektivismus (s. Subjekt): 1. erkenntnistheoretisch: die Ansicht, dass alle Erkenntnis subjektiv sei, und zwar a) dass alle Aussagen vom Subjekt abhängen, somit dasselbe Urteil für den einen wahr, für den andern falsch sein könne, allgemeingültige Wahrheit ausgeschlossen sei, oder dass etwas wohl von einer Gattung von Subjekten als wahr angesehen werden könne, was für eine andere Gattung falsch sei, somit absolute Wahrheit ausgeschlossen sei; b) dass alle Erkenntnis die Dinge so auffasst, wie sie sich dem erkennenden Subjekt bieten, nicht wie sie wirklich sind. — Den S. vertreten z. B. die Sophisten, insbesondere Protagoras (etwa 481—411) mit dem Satz: „Der Mensch ist das Maß aller Dinge", ferner die Kyrenaiker; 2. ethisch: Die Ansicht, dass der Zweck des sittlichen Handelns die Herstellung eines subjektiven Zustandes sei, sei es Lust (Hedonismus) oder Glückseligkeit (Eudämonismus).

Subjektivität (s. Subjekt): Dasein und Gültigkeit nur für den auffassenden Geist. Ggstz.: Objektivität.

subordiniert (lt. *sub ordino*): untergeordnet. Ein s. Begriff ist ein Begriff, dessen Umfang im Umfange eines höheren Begriffes liegt. So ist die Art der Gattung s.

Subreption (lt. *subreptio*): Erschleichung, nämlich eines Beweises durch Beweisfehler.

Substanzialität (s. Substanz): das Substanzsein, die Substanzartigkeit.

substanzielle Formen (s. Substanz) sind in der aristotelisch-scholastischen Philosophie die dem Stoff untrennbar anhaftenden Formen, die das Wesen ausdrückenden Formen der sinnlich wahrnehmbaren Dinge.

Substanz (lt. *substantia*): das Darunterliegende, die beharrliche Grundlage, der selbstständige, beharrliche Träger der unselbstständigen, wechselnden Eigenschaften (Akzidentien), das Wesen. Der Substanzbegriff hat im Laufe der Zeit verschiedene Bedeutung gehabt und dadurch die verschiedensten Systeme bedingt. Am ausgiebigsten haben Descartes und Spinoza den Substanzbegriff für ihre Systeme benutzt. Descartes (1596—1650) erklärte die S. für ein Ding, das zu seiner Existenz keines anderen Dinges bedarf. Nach ihm gibt es zwei Arten von S., die unerschaffene, absolut selbstständige S.=Gott und die erschaffenen S.: die ausgedehnte S. und die denkende S. (s. Dualismus). Spinoza (1632—1677) erklärte die S. für das, was in sich ist, durch sich begriffen wird und nicht von der Vorstellung eines anderen Dinges abhängig ist, außer der einen, ewigen, unendlichen, notwendigen, göttlichen S., deren Wesen die Existenz einschließt, gibt es nach Spinoza keine andere. Von den unendlich vielen Attributen dieser einen S. kennen wir nur die beiden: Ausdehnung und Denken. Leibniz (1646—1716) versteht unter S. ein Kraftwesen (Monade). Berkeley (1685—1753) erklärte die Geister für S. Die inhaltliche, materiale Bedeutung des Substanzbegriffes wurde durch Lockes (1632—1704) Kritik dieses Begriffes beseitigt. Kant (1724—1804) erkannte im Substanzbegriff einen formalen Begriff, einen Verstandesbegriff (Kategorie), der für die Auffassung der Dinge unentbehrlich ist und das Beharrliche in den Erscheinungen als den Gegenstand selbst bezeichnet. Unter den Analogien der Erfahrung in Kants Kr. d. r. V. lautet der Grundsatz der Beharrlichkeit: „Bei allem Wechsel der Erscheinungen beharrt die S., und das Quantum derselben wird in der Natur weder vermehrt noch vermindert", substanziell: substanzartig, zur Substanz gehörend.

Substanzialitätstheorie (s. Substanz): 1. metaphysisch: die Lehre, dass die Wirklichkeit im Ruhenden, Beharrlichen, im Substanziellen, nicht im Werden liegt. Diese Ansicht vertraten z. B. im Altertum die Eleaten; 2. psychologisch: die Lehre, dass den seelischen Vorgängen eine Substanz (Seelensubstanz) zugrunde liege, die Seele ein reales, einheitliches, selbstständiges Wesen sei. Vertreter dieser Ansicht sind z. B. Descartes (1596—1650), Leibniz (1646 bis 1716), Berkeley (1685—1753), Herbart (1776—1841), Lotze (1817 bis 1881). Die Spiritualisten vertreten meistens diese Ansicht.

Substrat (lt. *sub stratum* von *sterno*): Unterlage, Grundlage, Substanz.

Subsumption (lt. *sub sumo*): Unterordnung des Artbegriffes unter den Gattungsbegriff. Subsumieren: unterordnen, einbeziehen, einbegreifen.

Suggestibilität (s. Suggestion): Empfänglichkeit für Suggestionen.

Suggestion (lt. *suggestio*): Eingebung, Mitteilung einer gefühlsbetonten Vorstellung findet diese Mitteilung (Beeinflussung) durch eine fremde Person statt, so redet man von Fremdsuggestion, findet sie durch die eigene Person statt, so redet man von Autosuggestion (Selbstsuggestion). Hypnose wird hauptsächlich durch S. hervorgerufen. Suggerieren: Einreden, beeinflussen durch Einreden.

Sukzession (lt. *successio*): Aufeinanderfolge.

sukzessiver Farbenkontrast (lt. *successus* + frz. *contraste*) ist die Erscheinung, dass die Farbe eines scharf betrachteten Objektes ein unmittelbar nachfolgendes farbloses Objekt in ihrer Gegenfarbe erscheinen lässt, oder ihrer Gegenfarbe entsprechend ein unmittelbar nachfolgendes anders gefärbtes Objekt in seiner Farbwirkung beeinflusst.

Supposition (lt. *suppositio*): Voraussetzung In der Philosophie des Mittelalters (Scholastik): sprachliches und logisches Eintreten eines Gattungsbegriffes für die Summe seiner Arten, eines Artbegriffes für die Summe seiner Exemplare.

Supraleiter: Materialien, deren elektrischer Widerstand beim Unterschreiten der sogenannten Sprungtemperatur auf null fällt.

Supranaturalismus (lt. *supra* + Naturalismus): Glaube an Übernatürliches, Übersinnliches, Glaube an göttliche Offenbarung. Ggstz.: Naturalismus.

Syllogismus (gr. *syllogismós*): Schluss (s.d.), Schluss vom Allgemeinen aufs Besondere (= Deduktion).

Syllogistik (s. Syllogismus): Lehre von den logischen Schlüssen (Syllogismen).

syllogistisch = deduktiv: vom Allgemeinen aufs Besondere schließend; Ggstz.: induktiv.

Symbiose: Vergesellschaftung von Lebewesen unterschiedlicher Arten, die für beide Partner vorteilhaft ist.

Sympathie (gr. *sympáteia*): Mitgefühl, Mitfühlen des Wohles und Wehes anderer, indem man sich in ihre Lage versetzt. Nach Hume (1711 bis 1776) ist S. Grund des sittlichen

Urteils wie auch Beweggrund sittlichen Handelns.

Synapse: Stelle einer neuronalen Verknüpfung, über die eine Nervenzelle in Kontakt zu einer anderen Zelle steht.

Synästhesie (gr. *syn–aistánomai*) = sekundäre Empfindung, Mitempfindung, nennt man die Erscheinung, dass durch äußere Reizung eines Sinnes nicht nur die entsprechende Empfindung, sondern auch zugleich eine Empfindung eines anderen Sinnesgebietes, für das kein äußerer Reiz vorliegt, ausgelöst wird.

Synkretismus (gr. *synkrētismós*): unmethodische, kritiklose Vereinigung von Bestandteilen verschiedener philosophischer Systeme ohne Beseitigung etwaiger Widersprüche. Die niedrigste Stufe des Eklektizismus.

Synopsien (gr. *sýn ópsis* vom Stamm op) = Photismen (s. d.).

Synthese (gr. *sýnthesis*): Vereinigung, Zusammenfassung, Verknüpfung einer Vielheit zur Einheit; Ggstz.: Analyse. So ist z. B. die Begriffsbildung eine S., d. h. also Verknüpfung einer Mannigfaltigkeit von Merkmalen zur Begriffseinheit. — Synthesis im engeren Sinne ist bei Fichte (1762 bis 1814) und Hegel (1770—1831) das Verfahren, aus entgegengesetzten Begriffen (Thesis und Antithesis) einen höheren Begriff zu bilden, in dem die Gegensätze aufgehoben sind; s. Dialektik.

synthetisch (gr. *synthetikós*): mittels Synthese, d. h. also vereinigend, zusammenfassend, verknüpfend; Ggstz.: analytisch. Die Definition eines Begriffes durch Vorführung seiner Bildung aus bekannten Elementen heißt deshalb auch die s. (genetische) Erklärung desselben. Ein s. Urteil ist ein solches, dessen Prädikat vom Subjektsbegriff etwas aussagt, was (noch) nicht zum Inhalt des letzteren gehört. Daher erweitern derartige Urteile unsere Erkenntnis, sind Erweiterungsurteile; Ggstz.: analytisches Urteil. S.a. Urteil. Die s. Methode (= deduktive oder progressive Methode s. d.) ist dasjenige Verfahren, das vom Allgemeinen zum Besonderen, von Prinzipien zu Folgerungen daraus führt; Ggstz.: analytische, induktive, regressive Methode.

System (gr. *sýstēma*): nach einem aufgaben-, sinn- oder zweckbezogenen Gesichtspunkt erfolgte Zusammenfassung von Dingen, Funktionen, Relationen oder Erkenntnissen zu einem einheitlichen Ganzen, und zwar so, dass deren Elemente aufeinander bezogen oder miteinander verbunden sind. Systematisch: in Form eines S., planmäßig, methodisch, nach Gesichtspunkten (Prinzipien) geordnet.

Systemtheorie: Theorie auf der Basis der Beschreibung eines Systems (s. d.). S. existieren für vielfältige Gegenstandsbereiche und

Modelle, u. a. für das Sonnensystem, biologische Zellen, dem Menschen, einer Organisation, einem Staat oder auch für Maschinen und Computernetzwerke.

tabula rasa (lt.): geglättete, unbeschriebene Tafel. Nach Plutarch verglichen schon die Stoiker die Seele eines neugeborenen Kindes mit einer unbeschriebenen Wachstafel, um damit anzudeuten, dass der Mensch keine Vorstellungen mit zur Welt bringt. Im gleichen Sinne gebrauchten später die Empiristen und Sensualisten den von Ägidius Romanus stammenden Ausdruck. Der Empirist Locke (1632—1704), der gegen die Annahme angeborener Vorstellungen erfolgreich ankämpfte, gebrauchte für: t.r. den dem Sinne nach gleichen Ausdruck: weißes, unbeschriebenes Blatt Papier (white paper).

Tachistoskop (gr. *táchistos*): Vorrichtung, welche Gesichtsobjekte für jede gewünschte kurze Zeit vorzuführen gestattet. Das T. dient zur Bestimmung des Bewusstseins (Perzeptions)-Umfanges, des Apperzeptionsumfanges usw.

Talbotsches Gesetz ist ein von Talbot im Jahre 1834 und fast gleichzeitig von Plateau entdecktes Gesetz über Mischempfindungen des Gesichtssinnes. Es besagt nach Helmholtzscher Fassung: „Wenn eine Netzhautstelle durch qualitativ bzw. intensiv verschiedene Reize periodisch (d. h. in derselben Weise regelmäßig wiederkehrend) getroffen wird und die Periode hinreichend kurz ist, so entsteht eine Mischempfindung, welche ihrer Intensität und Qualität nach derjenigen Empfindung völlig gleich ist, die entstehen würde, wenn die Lichtreize gleichmäßig über die ganze Zeit verteilt wären."

Tautologie (gr. *tautó*) ist ein Definitionsfehler, bei dem der zu definierende Name in gleicher Bedeutung in der Definition wiederkehrt; daher auch: unnötige Wiederholung des schon Gesagten mit anderen Worten, Wortschwall.

Taxon: als systematische Einheit erkannte Gruppe von Lebewesen.

Teleologie (gr. *téleios lógos*): Zweck oder Zweckmäßigkeitslehre, diejenige metaphysische Ansicht, nach der es in der Welt nicht bloß rein mechanisches Geschehen durch mechanische Ursachen (causae efficientes), sondern auch oder hauptsächlich zielstrebiges und zweckmäßiges Geschehen durch End- oder Zweckursachen (causae finales) gibt; Lehre von der zweckmäßigen Welteinrichtung. Der Ausdruck stammt von Wolff (1679 bis 1754). Vertreter der T., einer teleologischen Weltanschauung sind z. B. Plato (427—347), Aristoteles (384—322), Leibniz (1646—1716), Schelling (1775—1854), Ulrici (1806 bis 1884), Lotze (1817—1881). Ggstz.: Mechanismus.

teleologisch (s. Teleologie): der Teleologie zufolge, aufgrund der Teleologie, auf Zwecke oder Zweckmäßigkeit bezüglich.

teleologischer Beweis für das Dasein Gottes, s. Gottesbeweise.

Teleportation: siehe Quantenteleportation.

Temperatursinn der Haut ist die Fähigkeit, Wärme- oder Kälteempfindungen zu haben, wenn bestimmte Nervenenden in der Haut, die von Blix und Goldscheider entdeckten Wärme- und Kältepunkte, gereizt werden.

Terminismus (s. Terminus) heißt der von Wilhelm v. Occam (1270 bis 1347) erneuerte Nominalismus, demzufolge die Allgemeinbegriffe keine Abbilder der Dinge, sondern nur Zeichen (Worte) für sie sind. Der T. Spielte in der neueren englischen Philosophie eine große Rolle. Terministisch: im Sinne dieses Terminismus.

Terminologie (lt. *terminus* + gr. *lógos*): Lehre von der Bedeutung der Kunst- oder Sachausdrücke eines Wissensgebietes.

Terminus (lt. *terminus* von *termino*): 1. Grenze, 2. Begriff, Begriffsname. In der Logik ist terminus maior der Oberbegriff, terminus minor der Unterbegriff, terminus medius der Mittelbegriff. Terminus technicus: Kunst- oder Sachausdruck.

Test (engl. von lt. *testor*) heißt in der experimentellen Psychologie der Ausweis, das Zeugnis für eine gewisse Stufe der Intelligenz, die Intelligenzprobe.

Tetramer: Molekül, das aus vier identischen Monomeren entsteht.

Theismus (gr. *theós*): 1. Anerkennung eines Gottes überhaupt; Ggstz.: Atheismus; 2. Anerkennung eines außerweltlichen, persönlichen Gottes, der als Schöpfer und Lenker (mit dauernder Einwirkung) der Welt gilt; Ggstz.: Deismus, Pantheismus.

Thelematismus (gr. *thélēma*) = **Thelismus** (gr. *thélō*) = Voluntarismus (s. d.).

Theodizee (frz. *theodicée*): Rechtfertigung Gottes gegenüber dem Übel und der Sünde in der Welt. Mit dieser Rechtfertigung haben sich viele Philosophen beschäftigt, besonders Leibniz (1646 bis 1716) in seiner 1710 erschienenen Th.

Theologie (gr. *theo—logia*): Gotteslehre, Religionswissenschaft. Der natürlichen Th. als der philosophischen, vernunftmäßigen (rationalen, spekulativen) Th. steht die kirchliche Th. der Offenbarung gegenüber.

theoretisch (gr. *theōrētikós*): die Theorie, die Erkenntnis betreffend (Ggstz.: praktisch), spekulativ, durch geistige Betrachtung, durch begriffliches Denken (Ggstz.: empirisch). Th. Philosophie ist der Teil der Philosophie, der Wissenschaftslehre (Erkenntnislehre) und Metaphysik umfasst; Ggstz.: praktische Philosophie.

Theorie (gr. *theōria*): geistige Betrachtung, Spekulation (Ggstz.: Empirie = Erfahrung), wissenschaftliche Erkenntnis (Ggstz.: Praxis). Im Besonderen versteht man unter einer Th. einen wissenschaftlichen Erklärungsversuch eines Erscheinungsgebietes aus einem Prinzip, die Verbindung der Tatsachen aufgrund einer Hypothese, die zur Erklärung dieser Tatsachen aufgestellt ist.

Theosophie (gr. *theós sophia*): Gottesweisheit, diejenige religiöse Richtung, die durch Gefühl und Fantasie, durch gefühlsmäßiges Erfassen Gott erkennen will, eine Art Mystik dieser Richtung angehörend, d. h., theosophisch waren z. B. die Lehren Plotins (205—270), der Gnostiker, der Mystiker, namentlich Valentin Weigels (1533—1588), Jakob Böhmes (1575—1624), Baaders (1765—1841), Schellings (1775 bis 1854).

Thermodynamik oder Mechanische Wärmetheorie ist die Lehre von den mechanisch-kalorischen Wechselwirkungen, insbesondere von den Beziehungen und Wechselwirkungen zwischen Arbeit und Wärme. Ihre Grundlage bilden die beiden Hauptsätze der Thermodynamik: 1. Erster Hauptsatz oder Satz von der Äquivalenz von Arbeit und Wärme, auch Mayersches Prinzip genannt: Wärme ist eine Energieform, und eine bestimmte, in Kalorien ausgedrückte Wärmemenge ist immer derselben mechanischen Energie (Arbeit) äquivalent, gleichviel auf welchem Weg die eine in die andre oder umgekehrt übergeführt wird. Das Verhältnis zwischen beiden ist das mechanische Wärmeäquivalent — Eine Maschine, die aus sich selbst heraus unbegrenzte Arbeit leistete, würde ein Perpetuum mobile heißen, und zwar ein Perpetuum mobile erster Art; nach dem ersten Hauptsatz ist eine solche Maschine unmöglich. — 2. Zweiter Hauptsatz der Wärmetheorie oder Carnot-Clausiussches Prinzip, in negativer bzw. qualitativer Form ausgesprochen: Wärme kann nicht von selbst, d. h. nicht ohne anderweitige Kompensationen, von einem Ort tieferer zu einem Ort höherer Temperatur übergehen; oder auch: Durch Kreisprozesse kann Wärme niemals vollständig in Arbeit verwandelt werden, ein Teil wird vielmehr immer in Wärme tieferer Temperatur verwandelt; oder auch: Eine kalorische Maschine kann nicht mit einem Kessel allein arbeiten, sie muss auch einen Kühler haben; aus der ungeheuren Energiemenge z. B., die im Weltmeer steckt, kann man keine Arbeit herausholen, weil der Kühler fehlt. Oder auch: Ein Perpetuum mobile zweiter Art, d. h. eine Maschine, die nichts weiter leistete, als Wärme in Arbeit zu verwandeln, ist auf die Dauer unmöglich. — Da die abgeführte laue Wärme nicht von selbst wieder rückverwandelbar ist, handelt es sich hier um eine Zerstreuung, Vergeudung oder Entwertung von Energie; man kann daher den zweiten Hauptsatz auch als Entwertungs- oder Zerstreuungsprinzip dem ersten (als Erhaltungsprinzip) gegenüberstellen.

Thesis (gr. *thésis*): Behauptung, Setzung. Ggstz.: Antithesis.

Thomismus ist die Philosophie des Dominikaners Thomas von Aquino (1225–1274), dessen Anhänger Thomisten genannt werden. Dem Th. trat entgegen der Scotismus, die Philosophie des Franziskaners Duns Scotus (1265 oder 1274—1308), des scharfsinnigsten aller mittelalterlichen Denker. Die Anhänger des Scotismus heißen Scotisten. Während die Thomisten den Verstand, die Vernunft als die Grundkraft der Seele ansahen, bezeichneten die Scotisten den Willen als die Grundkraft der Seele. Während der Th. durch Verschmelzung von Wissen und Glauben, aristotelischer Philosophie und Kirchenlehre sich kennzeichnete, trat hierin im Scotismus wieder eine Trennung ein, ein Vorgang, der allmählich zur Loslösung der Philosophie von der Theologie führte. Durch Papst Leo XIII. wurde der Th. die Philosophie der katholischen Kirche.

Thymin: eine der vier wichtigsten Nukleinbasen in der DNA, zusammen mit Adenin, Cytosin und Guanin.

Tierpsychologie heißt die Erforschung der seelischen Eigenschaften der Tiere. Descartes (1596—1650) hielt die Tiere für seelenlose Maschinen. Diese Ansicht wurde von Locke (1632 bis 1704) und besonders von Hume (1711 bis 1776) lebhaft bestritten. Hierdurch wurde Reimarus (1694—1768) zu tierpsychologischen Untersuchungen angeregt. Seitdem wird auf diesem Gebiet wissenschaftlich gearbeitet.

Timologie (gr. *timé*) = Axiologie: Werttheorie, Lehre von den Werten.

Toleranz (lt. *tolerantia* von *tolero*): Duldsamkeit gegen Andersdenkende oder Andersgläubige. Ggstz.: Intoleranz.

Topik (gr. *topiká*): Lehre von den logischen Örtern, die von den alten Rhetoren (Rednern) geübte Kunst, passende Anhaltspunkte (Beweisgründe, Gemeinplätze) für die rednerische Behandlung eines Themas zu finden, also ein Leitfaden für die Disputierkunst. In letzterem Sinne handelt Aristoteles (384 bis 322) in der T. von den Wahrscheinlichkeitsschlüssen.

Totalität (frz. *totalité* von lt. *totus*): Allheit, Gesamtheit, das Ganze.

Traditionalismus (lt. *traditio*): theologische Gegenströmung gegen den naturalistischen Sensualismus Condillacs (gegen die Ideologie) und die politische Philosophie der französischen Revolution. Nach Ansicht des T. hat sich die menschliche Vernunft unfähig gezeigt, die Wahrheit zu finden und die Gesellschaft einzurichten, deshalb: zurück zu der kirchlich-rechtlichen Gesellschaftsordnung, zurück zum Glauben, zur Autorität, zum Papsttum! Traditionalisten sind z. B. de Maistre (1753 bis 1821), de Bonald (1754—1840), auch Lamennais (1782—1854).

Traduzianismus (lt. *tradux*): die Ansicht, dass die Seele des Kindes bei der Zeugung aus der Seele des Vaters hervorgehe. Diese Ansicht taucht schon bei den Stoikern und Epikureern auf; ferner wird sie vertreten von Tertullian (160 bis 222), in besonderer Weise von Leibniz (1646—1716), von der neueren Psychologie Ggstz.: Kreatianismus

Trägheit: oder Beharrungsvermögen. Darunter versteht man die Eigenschaft eines Körpers, in seinem Bewegungszustand zu verharren, solange keine äußere Kraft auf ihn einwirkt.

Trance (engl.): ungewöhnlicher Schlafzustand.

transeunt (lt. *trans—eo*): über etwas (z. B. Begriff, Ding) hinausgehend, in einen anderen Bereich hineinreichend. Ggstz.: immanent.

Transkription: Synthese von RNA (Ribonukleinsäure) anhand einer DNA (s. d.) als Vorlage.

Translation: Synthese von Proteinen in den Zellen lebender Organismen anhand der kopierten genetischen Informationen im Anschluss an die Transkription.

transzendent (lt. *tran(s)—scendo*): über die Erfahrung hinausgehend, die Erfahrungsgrenze überschreitend, unerfahrbar, jenseits aller Erfahrung liegend ; Ggstz.: immanent. Kants (1724—1804) Kr. d. r. V. richtete sich gegen die Metaphysik, welche t. Erkenntnis, d. h. rein begriffliche Erkenntnis des Wesens der Dinge, der Dinge an sich, sein wollte. Kant zeigte, dass jede derartige Metaphysik die Grenze der Erfahrung überschreitet, und dass aus leeren, d. h. des anschaulichen Inhalts entbehrenden Begriffen keine Erkenntnis hervorzuzaubern ist. Auch die metaphysischen Lehren über das Wesen Gottes, der Welt, der Seele werden hiernach als t. Betrachtungen von Kants vernichtender Kritik getroffen. Bewusstseinstranszendent ist alles, was außerhalb des Bewusstseins des Erkennenden liegt; Ggstz.: Bewusstseinsimmanent.

transzendental (lt. *tran(s)—scendo*) bedeutet seit Kant (1724—1804): die apriorischen Bedingungen der Erfahrungserkenntnis betreffend. T. ist die Erkenntnis, die sich nicht mit Gegenständen, sondern mit der Möglichkeit ihrer Erkenntnis befasst. T. ist die Erklärung, wie sich apriorische Begriffe oder Sätze auf Gegenstände beziehen können, also die Rechtfertigung der objektiven Gültigkeit von apriorischen Begriffen oder Sätzen. Die t. Methode besteht in einer planmäßigen Untersuchung der apriorischen, inhaltlichen (materialen) Bedingungen wissenschaftlicher Erkenntnis; sie hat das, was nicht aus der Erfahrung stammt, für die Erfahrung zu beweisen.

Transzendentalismus (s. transzendental) = kritischer Idealismus (s. unter Idealismus, s. a. Antipsychologismus).

Transzendentalphilosophie (s. transzendental) = kritische Philosophie (Kritizismus) ist die (erkenntnistheoretische) Philosophie Kants (1724 bis 1804). Die T. beschäftigt sich hauptsächlich mit der Frage, wie Erfahrung möglich (d.i. begrifflich) ist; sie untersucht und stellt fest die apriorischen Bedingungen der Erfahrung.

Transzendenz (s. transzendent): Überschreitung der Erfahrung, Unerfahrbarkeit, das Jenseits der Erfahrung T. Gottes: Jenseitigkeit, Außerweltlichkeit Gottes. Ggstz.: Immanenz.

Treiber: Computerprogramm, das die Interaktion mit angeschlossenen, eingebauten (Hardware) oder virtuellen Geräten steuert.

Trieb (Naturtrieb) ist der Drang nach Beseitigung eines Unlustzustandes. Die T. lassen sich einteilen in Selbsterhaltungstriebe und Gattungstriebe, sie sind angeboren und bilden die ursprünglichste seelische Tätigkeit.

Tropen (gr. *trópos*): Wendungen, Arten. Die skeptischen T., von denen Sextus Empiricus (um 200 n. Chr.) zehn anführt, sind die Gründe, welche die alten Skeptiker zum Zweifeln bestimmten.

Trugschluss oder Sophisma ist ein unrichtiger Schluss, der mit der Absicht zu täuschen aufgestellt wird. Vgl. Fallazien.

Tuismus (lt. *tu*) = Altruismus (s. d.).

Tunneleffekt: veranschaulichende Bezeichnung dafür, dass ein atomares Teilchen eine Potenzialbarriere von endlicher Höhe auch dann überwinden kann, wenn seine Energie dazu nicht ausreicht. Nach den Vorstellungen der klassischen Physik wäre dies unmöglich, nach der Quantenmechanik ist es möglich. Es existieren zahlreiche technische Anwendungen des T., beispielsweise das Rastertunnelmikroskop und der Flash-Speicher. Ferner gibt es Hinweise darauf, dass der T. in der Zellbiologie eine wesentliche Rolle spielt.

Übermensch nennt Nietzsche (1844 bis 1900) den Idealmenschen, und zwar als Ziel der zukünftigen Entwicklung wie als Herrenmensch in der Gegenwart.

Umfang eines Begriffes ist die Gesamtheit seiner Exemplare, d. h. derjenigen Gegenstände, auf die der betreffende Begriff sinngemäß angewendet werden darf.

Unbestimmtheitsrelation: Auch als Heisenbergsche Unschärferelation bezeichnete Aussage der Quantenphysik, dass zwei komplementäre Eigenschaften eines Teilchens, z. B. Ort und Impuls, nicht gleichzeitig beliebig genau bestimmbar sind.

unbewusste Vorstellungen sind noch nicht zum Bewusstsein gekommene Vorstellungen in der Seele. Ihr Vorhandensein bestreiten Descartes (1596 bis 1650) und Locke (1632—1704); jener, weil nach ihm die Seele immer denkt, dieser, weil nach ihm das Vorhandensein in der Seele oder dem Verstand immer an Bewusstsein gebunden ist. Nach Leibniz (1646 bis 1716) müssen die Monaden u. V. haben, da von außen keine Vorstellungen in die Monaden gelangen können. Das Unbewusste ist nach E. v. Hartmann (1842—1906) das allen Dingen zugrunde liegende Absolute. In diesem sind Wille und Vorstellung in untrennbarer Einheit verbunden.

unendlich = endlos = grenzenlos; Ggstz.: endlich. U. ist keine feste Wertangabe, sondern bezeichnet das, was über jede angebbare Grenze hinausgeht. U. groß ist das, was größer ist als jede noch so große angebbare oder denkbare Größe, u. klein ist das, was kleiner ist als jede noch so kleine angebbare oder denkbare Größe. Das U. in der Mathematik darf also nicht mit einer vorgestellten, bestimmten Größe verbunden werden, es ist eine Vorstellung, nach der man infolge der Möglichkeit endloser Wiederholung desselben Vorganges strebt. Die Unendlichkeit des Raumes ist aber anderer Art, denn die Teile des Raumes sind zugleich; mit der Vorstellung eines Raumes ist zugleich die Möglichkeit aller Räume gegeben, und diese Möglichkeit geht ins U. deshalb, sagt Kant (1724—1804), ist die Unendlichkeit des Raumes subjektiv gegeben. Das metaphysisch U. ist das Unbedingte, Absolute, die Allheit.

Universalien (lt. *universalis*): Allgemeinbegriffe, Gattungsbegriffe. Im Mittelalter entbrannte ein heftiger Streit um die metaphysische Bedeutung der Gattungsbegriffe, den man danach Universalienstreit nennt. Der Streit knüpfte sich an die von Porphyrius (233 bis um 300) in seiner Einleitung zu den logischen Schriften des Aristoteles aufgeworfenen Fragen, ob die U. dinglich seien oder nur in unseren Gedanken existierten, ob sie im ersteren Falle körperlich oder unkörperlich seien, ob sie gesondert von den wahrgenommenen Dingen oder nur in und an diesen existierten. Die Parteien mit ihren Ansichten sind hauptsächlich folgende: Der Realismus (Begriffsrealismus) behauptete, die U. hätten ein von den Einzeldingen (res) unabhängiges, selbstständiges Dasein und existierten vor (ante) diesen, also: universalia ante rem; der Nominalismus behauptete, nur die Einzeldinge hätten wirkliches Dasein, die U. seien nur gemeinsame Bezeichnungen durch gleichen Begriff und gleichen Namen, also universalia post rem. Ein gemäßigter Realismus, auf Aristoteles fußend, suchte zwischen beiden Parteien zu vermitteln durch die Ansicht, die U. hätten zwar wirkliches Dasein, aber nur in und an den Einzeldingen, also universalia in re. Vgl. a. Realismus, Nominalismus, Konzeptualismus, Terminismus.

Universalismus (lt. *universalis*): diejenige ethische Richtung, die nicht einzelne Menschen (Individuen), sondern irgendeine Gesamtheit oder Gemeinschaft (z. B. Familie, Volk, Staat) als Objekt des sittlichen Handelns ansieht. Vertreter dieser Ansicht, Universalisten genannt, sind in verschiedener Ausprägung z. B. Baron (1561—1626), Cumberland (1632—1718), Locke (1632—1704), Hegel (1770—1831), Wundt (1832—1920).

Universum (lt. *universum*): Gesamtheit, Weltall.

Unterbegriff s. Schluss.

Untersatz s. Schluss.

Unterschiedsempfindlichkeit nennt man die Fähigkeit, gleichartige Reize verschiedener Stärke sowie qualitativ verschiedene Reize unterscheiden zu können. Ihr Maß ist die Unterschiedsschwelle.

Unterschiedsschwelle nennt man den eben merklichen Unterschied zweier Reizstärken. Von dieser absoluten U. ist zu unterscheiden die relative U. als das Verhältnis des eben merklichen Unterschiedes zweier Reizstärken zur geringeren dieser beiden. S. a. Webersches Gesetz.

Uracil: eine der vier wichtigsten Nukleinbasen in der RNA, zusammen mit Adenin, Cytosin und Guanin.

Urknall, kosmologisch: Beginn des Universums und die gemeinsame Entstehung von Raum, Zeit und Materie aus einer Quantenfluktuation (s. Fluktuation).

Ursache nennen wir den (realen) Grund der Veränderung, die Bedingung, an die ein Erfolg (Wirkung) unabänderlich gebunden ist, den Vorgang, mit dessen Eintritt der Eintritt eines anderen Vorganges, der Wirkung, notwendig verknüpft ist. Diese notwendige Verknüpfung von U. und Wirkung heißt Kausalnexus. Vgl. a. Kausalität.

Urteil: begriffliche Festlegung eines Gedankens oder einer Vorstellung derart, dass ein Begriff, das Subjekt des U., mit einem anderen Begriff, dem Prädikat des U., in Beziehung gesetzt wird. Dies „in Beziehung setzen" kann z. B. bestehen im Unterscheiden, Vereinigen, Unterordnen, Beilegen, Gleichsetzen.

— Kant (1724 bis 1804) teilte die U. ein nach der Quantität, Qualität, Relation, Modalität. Neuerdings werden nach Wundt (1832—1920) die U. eingeteilt 1. nach den Subjektformen in a) unbestimmte U., b) Einzelurteile, c) Mehrheitsurteile; 2. nach den Prädikatsformen in a) erzählende, b) beschreibende, c) erklärende U.; 3. nach den Relationsformen in a) Identitätsurteile, b) U. der Über- und Unterordnung, c) koordinierende U., d) Abhängigkeitsurteile, 4. nach den Gültigkeitsformen in a) verneinende U., b) problematische, c) apodiktische U. — Kant unterscheidet analytische (s. d.) und synthetische (s. d.) U. Die analytischen U. sind nach ihm stets a priori, d. h. unabhängig von der Erfahrung, also reine Vernunfturteile. Unter den synthetischen U. gibt es nach ihm solche, die a priori und solche, die a posteriori sind, d. h. die aus der Erfahrung stammen. Kants Aufgabe in seiner Kr. d. r. V. ist, die Möglichkeit synthetischer U. a priori nachzuweisen.

Urteilskraft nannte man früher die Fähigkeit zur Beurteilung der Dinge. Kant (1724—1804) nennt U., die er zwischen Verstand und Vernunft stellt, das Vermögen, unter Regeln zu subsumieren, oder das Vermögen, das Besondere als enthalten unter dem Allgemeinen zu denken.

Urzeugung s. generatio aequivoca.

Utilismus oder Utilitarismus (lt. *utilis*): Nützlichkeitsstandpunkt, derjenige ethische Standpunkt, der gut und nützlich gleichsetzt und den Nutzen als das Ziel sittlichen Strebens ansieht. Dabei kann der Nutzen einzelner Menschen (individualistischer U.) oder einer Gemeinschaft (sozialer U.) gemeint sein. Der U. ist ein Grundzug der englischen Ethik seit Bacon (1561—1626), teils scharf ausgeprägt, teils in Eudämonismus übergehend. Vertreter des U., Utilitaristen genannt, sind hauptsächlich z. B. Bentham (1748—1832), von dem der Ausdruck stammt, und J. St. Mill (1806—1873).

Utopie (gr. *ou tópos*) Nirgendheim, Staatsroman, fantastische Ausmalung eines Zukunftsstaates. Solche U. haben z. B. verfasst: Plato (427—347), Thomas Morus (1480—1535), Campanella (1568 bis 1639), Bacon (1561 bis 1626).

Vakuum: Abwesenheit von Materie. In der Quantenfeldtheorie ist das Vakuum der Zustand mit der tiefstmöglichen Energie. S. a. metrikfreies Vakuum.

Valenzbindung: auch als kovalente Bindung bezeichnet (siehe dort).

Van-der-Waals-Wechselwirkungen: relativ schwache Ladungs-Ladungs-Wechselwirkungen zwischen benachbarten Atomen oder Molekülen, resultierend aus temporären molekularen Dipolen. Die V. ist eine in der Biologie der Zelle häufig vorkommende Bindungsform der Bio-Moleküle.

Variabilität: Unterschiede zwischen Individuen einer Art.

Vektor, 1. physikalisch: eine Größe, die durch einen Betrag und eine Richtung gekennzeichnet ist. 2. biologisch: Transportvehikel zur Übertragung von Fremd-DNA in eine lebende Empfängerzelle. Als Vektoren kommen infrage:
1. Plasmide zum Klonieren eines bestimmten DNA-Abschnittes,
2. Cosmide, die mit Hilfe von Bakteriophagen- bzw. Hefezellstrukturen große DNA-Abschnitte transferieren können,
3. modifizierte Viren.

Verbaldefinition (lt. *verbalis definitio*) Nominaldefinition (s. d.).

Vergleichsreiz, Vergleichsempfindung s. Normalreiz.

Verhulst-Gleichung oder **logistische Gleichung** wurde 1837 von Pierre François Verhulst als demographisches mathematisches Modell eingeführt. Sie ist ein Beispiel dafür, wie komplexes, chaotisches Verhalten aus einfachen nichtlinearen Gleichungen entstehen kann.

Verifikation (lt. *verus facio*): Bewahrheitung, Bestätigung, Erweis; insbesondere die Bestätigung einer Hypothese durch Tatsachen. Verifizieren: bewahrheiten, bestätigen.

Vermögenspsychologie s. Psychologie.

Vernunft und **Verstand** gelten meist gleichbedeutend als Geist, geistige Anlage im Gegensatz zur Sinnlichkeit. Da, wo beide unterschieden werden, wie z. B. bei Kant (1724—1804), gilt die V. als die höhere geistige Fähigkeit, als das Vermögen der Ideen (wie Kant sagt), der Verstand als die Fähigkeit des logischen Denkens, als das Vermögen der Begriffe (wie Kant sagt).

Verschmelzungen (psychische) nennt Wundt (1832—1920) feste, simultane Assoziationen psychischer Elemente (Empfindungen, Gefühle) zu in unserem Bewusstsein wirklich vorhandenen psychischen Gebilden (während die Elemente für sich allein nie vorkommen). Hauptsächlich kommen vor 1. intensive V. als Empfindungsverschmelzungen (z. B. Klänge) und als Gefühlsverschmelzungen (s. B. zusammengesetzte Gefühle), hier verbinden sich gleichartige Elemente; 2. extensive V. (z. B. Gesichts- und Tastvorstellungen), hier verbinden sich gleichartige und ungleichartige Elemente. Bei beiden Arten der V. treten herrschende Elemente hervor.

Verschränkung: siehe Quantenverschränkung.

Verstand s. Vernunft.

Verstandesbegriff s. Kategorie.

virtuell (frz. virtuel): 1. philosophisch: der Anlage nach vorhanden, 2. physikalisch: a) scheinbar, Ggstz.: reell, b) nicht in Wirksamkeit seiend, Ggstz.: gegenwärtig wirkend (aituell).

visuell (lt. *visus*): den Gesichtssinn betreffend, auf dem Gesichtssinn beruhend. V. Gedächtnis ist ein Gedächtnis, das sich vornehmlich auf Gesichtsvorstellungen stützt.

Vitalismus (lt. *vita*): diejenige naturphilosophische Ansicht, welche die Lebenserscheinungen als Wirkungen einer Lebenskraft auffasst Vertreter dieser Ansicht, Vitalisten genannt, waren z. B. Rudolf Wagner (1805 bis 1864), Ulrici (1806—1884), Liebig (1803—1873). Neue Entdeckungen verdrängten den Vitalismus, bis er durch Rindfleisch (1836–1908) nach dem Vorgang Bunges (1844–1920) ais Neovitalismus neu begründet wurde. Seit 1905 tritt dieser als bestimmte Richtung auf. Er verwirft die rein chemisch-mechanische Erklärung der Lebensvorgänge, setzt anstelle der Lebenskraft feinere Begriffe und geht vorsichtiger zu Werke als die den Energiestrom lenkenden, zielstrebigen, organisierenden Kräfte oder Lebensprinzipien werden Entelechien (Konstanten) oder Dominanten oder Psychoiden angesehen, Neovitalisten sind z. B. Driesch (1867–1941), Pauly (1850–1914), Reinke (1849–1931) u. a. – Der V. ist durch das Aufkommen des Energie-Begriffs und der Systemtheorie (s. d.), die das Lebendige als System und dynamisch einheitliches Gebilde beschreibt, verdrängt worden.

Völkerpsychologie ist diejenige Richtung der Psychologie, welche die Geisteserzeugnisse (Sprache, Mythus, Sitte) einer geistigen Gemeinschaft von Individuen (insbesondere einer Volksgemeinschaft) psychologisch untersucht. Begründer der V. sind Lazarus (1824—1903), der den Ausdruck prägte, und Steinthal (1823 bis 1899); ein Hauptvertreter ist auch Wundt (1832—1920).

Voluntarismus (lt. *voluntas*): Willensstandpunkt, 1. psychologisch: die Ansicht, dass der Wille die Grundeigenschaft oder -fähigkeit der Seele sei. Ggstz.: Intellektualismus. Vertreter dieser Ansicht, Voluntaristen genannt, sind z. B. die Scotisten, Fichte (1762—1814), Schopenhauer (1788—1860), Wundt (1832—1920), Paulsen (1846—1908). Der Ausdruck stammt von Tönnies (1855–1936); 2. metaphysisch: die Ansicht, dass der Wille das „An-sich" aller Dinge, der Welt, also Weltgrund sei. Diesen V. (Panthelismus) vertritt z. B. Schopenhauer (1788—1860).

Vorstellungen sind Erinnerungsbilder früherer Wahrnehmungen. Mit diesen haben die V. den anschaulichen Gehalt gemein, der sie andererseits von den Begriffen unterscheidet. Von den Wahrnehmungen unterscheiden sich die V. dadurch, dass bei jenen das Objekt selbst gegenwärtig ist, bei diesen nicht. Außerdem besteht zwischen V. und Wahrnehmungen ein Lebhaftigkeits- und Deutlichkeitsunterschied. Während bei den Erinnerungsvorstellungen frühere Wahrnehmungen erneuert werden, finden bei den Fantasievorstellungen Umbildungen früherer Wahrnehmungen statt, indem die anschaulichen Elemente früherer Wahrnehmungen anders zusammengesetzt werden. Die Gegenstände der Erinnerungsvorstellungen werden als real, wirklich aufgefasst, die der Fantasievorstellungen werden bloß gedacht. Oft wird auch Wahrnehmung und V. nicht unterschieden. Im allgemeinsten Sinne bedeutet V. jeden Bewusstseinsinhalt, alles, was in der Seele anzutreffen ist. So z. B. bei Leibniz (1646—1716) und Herbart (1776—1841). Vgl. a. Idee. Bei Kant (1724—1804) bedeutet V.: Anschauung, Begriff, Idee. Schopenhauer (1788—1860) versteht unter V.: Erscheinungsform; er lehrt: „Die Welt ist meine Vorstellung", d. h.. ich erkenne die Welt so, wie sie mir erscheint.

Vorstellungstypus (gr. *týpos*) nennt man das Vorherrschen einer bestimmten Art von Vorstellungen im Seelenleben des einzelnen Menschen. Herrschen Gesichtsvorstellungen (visuelle Vorstellungen) vor, so spricht man von einem visuellen V., herrschen Gehörvorstellungen (akustische Vorstellungen) vor, so liegt ein akustischer V. vor, herrschen Bewegungsvorstellungen (motorische Vorstellungen) vor, so redet man von einem motorischen V. Dieselbe Person kann aber verschiedene Typen zeigen, je nachdem es sich um Sachvorstellungen oder Wortvorstellungen handelt.

wahr ist eine Erkenntnis (Urteil), wenn sie mit ihrem Gegenstand übereinstimmt, w. ist soviel wie allgemeingültig. Logisch oder formal w. = richtig ist das Denken, das widerspruchslos ist, das also den Denkgesetzen gemäß ist; material oder inhaltlich w. ist das Denken, das mit dem Gegenstand übereinstimmt. Ein Schluss kann sehr wohl formal w. oder richtig, dabei aber nicht material w. sein. Ein material w. Schluss kann aber nicht unrichtig sein.

Wahrnehmung ist allgemein das Bemerken eines Etwas. Insbesondere ist äußere W. die Bewusstseinserfahrung einer als Wirkung auf einen äußeren, gegenwärtigen Gegenstand bezogenen Empfindungsmasse. Als innere W. bezeichnet man das Erfassen der seelischen Erlebnisse als solche. Vgl. a. Sensation, Reflexion. Bei der äußeren W. ist die Aufmerksamkeit nach außen gerichtet, bei der inneren W. nach innen. W. und Anschauung sind in der Hauptsache gleichbedeutend.

Wahrscheinlichkeit: 1. Philosophie: W. ist der Geltungsgrad einer Aussage, die nach den vorliegenden Bedingungen oder bisherigen Erfahrungen möglich ist, deren Wahrheit aber nicht einwandfrei dargetan werden kann. Es gibt verschiedene Grade der W. Eine Aussage gilt um so wahrscheinlicher, nähert sich um so mehr der Wahrheit, je weniger Einwendungen möglich sind. Ein Wahrscheinlichkeitsschluss ist ein Schluss von der Möglichkeit verschiedener Fälle auf die W. eines dieser Fälle, weil er nach den vorliegenden Bedingungen eher möglich ist, oder weil die bisherigen Erfahrungen für ihn sprechen. 2. **Mathematik**: Die mathematische W. ist das Verhältnis der Anzahl günstiger Fälle zur Anzahl aller überhaupt möglichen Fälle. Die Wahrscheinlichkeit des Eintreffens irgendeines von mehreren Ereignissen setzt sich aus der Summe der Wahrscheinlichkeiten der einzelnen Ereignisse zusammen. 3. W. a posteriori (**Statistik**): „Es werde sich, wenn nicht neue bestimmende Momente hinzutreten, eine Reihe von Ereignissen, welche hinlänglich oft beobachtet worden sind, auch weiter wiederholen", Jakob Bernouilli (1655–1705).

Wärmepunkte s. Temperatursinn.

Wasserstoffbrückenbindung: elektrostatische Wechselwirkung zwischen einem Wasserstoffatom in einem Molekül und einem stark elektromagnetischen Atom (= N oder F) in der Nachbarschaft. S. a. Van-der-Waals-Wechselwirkungen.

Webersches Gesetz ist das von E. H. Weber (1795—1878) aufgestellte Gesetz, dass bei veränderter Reizstärke der Wert der relativen Unterschiedsschwelle konstant (gleichbleibend) ist. Dies Gesetz gilt aber nur für mittlere Werte der Reizstärken, es zeigt sonst obere und untere Abweichungen. Eine Anwendung des W. G. hat Fechner (1801—1887) zur Aufstellung der nach ihm benannten Fechnerschen Maßformel: $s = k \cdot \log(r/\rho)$ geführt; sie besagt, dass die Empfindungsstärke s proportional ist dem Logarithmus des Quotienten aus Reizstärke r und Reizschwelle ρ.

Wechselwirkung: 1. **philosophisch**: gegenseitiges Aufeinanderwirken der Dinge. Newton (1642—1727) sprach das Prinzip der W. dahin aus, dass jede mechanische Einwirkung eines Körpers A auf einen Körper B begleitet ist von einer gleichgroßen Gegenwirkung des B auf A. Vgl. Reaktion. Bei Kant (1724—1804) ist W. oder Gemeinschaft eine Kategorie (der Relation), ein für die Erfahrung grundlegender Begriff, der Dinge und Vorgänge zur Einheit der Sinnenwelt bringt. Das Schema für diese Kategorie ist das Zugleichsein. Der Grundsatz der W. oder Gemeinschaft lautet bei Kant: „Alle Substanzen, sofern sie im Raum als zugleich wahrgenommen werden können, sind in durchgängiger W." Die Okkasionalisten und Leibniz (1646 bis 1716) (s. prästabilierte Harmonie) bestritten jede unmittelbare W. W. zwischen Leib und Seele s. Dualismus, influxus physicus, prästabilierte Harmonie. 2. **physikalisch**: Jeder Wirkung in der Natur (und in der Technik) entspricht stets auch eine Gegenwirkung, und das Ergebnis ist entweder Gleichgewicht oder Austausch zwischen verschiedenen Systemen. Dabei kommt es für die Beantwortung der Frage, wie sich die Gegenwirkung (Reaktion) zur Wirkung (Aktion) verhalte, darauf an, welches Charakteristikum der Austauscherscheinung man ins Auge fasst. Handelt es sich um Bewegung, so sind die gegenseitig erteilten Geschwindigkeiten oder Beschleunigungen zwar entgegengesetzt der Richtung nach, aber der Größe nach nicht gleich; wohl aber gilt das von den gegenseitigen Impulsen bzw. Kräften. Gerade darin liegt der wesentliche Wert der Einführung der Abstraktionsbegriffe Impuls und Kraft. In diesem Sinne also lautet das Wechselwirkungsprinzip oder Prinzip von der Gleichheit von Aktion und Reaktion: Jeder Wirkung entspricht eine gleich große, aber entgegengesetzte Gegenwirkung. Die Wechselwirkung kann durch unmittelbare Berührung (Druck oder Stoß) oder aus der Ferne (Gravitation) erfolgen. Wenn der eine Körper im Verhältnis zum andern eine sehr große Masse hat, erfährt er fast gar keine sichtbare Wirkung, und deshalb erscheint dann die Wirkung als eine einseitige (fallender Stein, Erde und Sonne). In andern Fällen ist auch die Gegenwirkung immer noch sehr merklich (Rückstoß des Geschützes beim Abfeuern des Geschosses oder des Keglers beim Kegelschieben). Ganz Entsprechendes gilt von der kalorischen Wechselwirkung: hier sind die Temperaturänderungen der beiden Körper verschieden, aber ihre Wärmeinhaltsänderungen sind entgegengesetzt gleich.

Welle oder **Wellenbewegung** entsteht durch die räumliche Ausbreitung einer Schwingungsbewegung. Je nachdem sie in der Schwingungsrichtung oder senkrecht dazu erfolgt, unterscheidet man longitudinale und transversale Wellen (Längs- und Querwellen); bei jenen wechseln Verdichtungen und Verdünnungen, bei diesen Wellenberge und Wellentäler miteinander ab. Eine von einem schwingenden Punkt nach allen Raumrichtungen gleichmäßig ausgehende Welle heißt sphärische oder Kugelwelle; die von einer schwingenden Geraden ausgehende heißt Zylinderwelle; die von einer schwingenden Ebene ausgehende heißt ebene Welle. — Orte gleicher Phase (= Schwingungsversatz, Gangunterschied) bilden eine Wellenfläche; bei der ebenen Welle sind es parallele Ebenen, bei der Zylinderwelle koaxiale Zylinderflächen, bei der Kugelwolle konzentrische Kugelflächen.— Das

Grundgesetz der Wellenausbreitung ist das Huygenssche Prinzip. — Die Strecke, um die sich die Welle fortpflanzt in der Zeit, in der der Erreger eine Schwingung vollendet, heißt Wellenlänge; sie besteht aus zwei gleichen Teilen (Verdichtung und Verdünnung bzw. Wellenberg und Wellental). Das Verhältnis der Wellenlänge zur Periode heißt Fortpflanzungsgeschwindigkeit der Wellenbewegung. — Beim Übergang aus einem Medium in ein anderes ändert sich die Fortpflanzungsgeschwindigkeit und damit die Richtung der Welle, es findet Brechung statt. Beim Aufeinanderstoßen zweier Wellenbewegungen erfolgt Superposition oder Interferenz, d. h. zwei Berge (Verdichtungen) oder zwei Täler (Verdünnung) addieren sich, ein Berg und ein Tal (eine Verdichtung und eine Verdünnung) subtrahieren sich, und es kann unter Umständen vollständige Ruhe eintreten; maßgebend hierfür ist der Gangunterschied der beiden Wellen von beiden Ursprungsorten aus bis zum Orte des Zusammentreffens, oder vielmehr sein Überschuss über eine ganze Zahl von Wellenlängen.

Welle-Teilchen-Dualität: Je nach Art seiner Messung lässt sich ein quantenmechanisches Objekt entweder als Welle oder als Teilchen deuten.

Wellenfunktion: Funktion, die den quantenmechanischen Zustand eines Elementarteilchens oder eines Systems von Elementarteilchen im Ortsraum beschreibt. Ihr Betragsquadrat bestimmt die Aufenthaltswahrscheinlichkeit des Teilchens.

Weltanschauung = metaphysisches System ist ein durch einheitliche Zusammenfassung alles Wissens und abschließende Betrachtung gewonnenes Gesamtbild von der Welt.

Welträtsel sind allgemeinste Fragen, deren Beantwortung nicht oder noch nicht möglich ist. Du Bois-Reymond (1818—1896) nannte folgende sieben W.: 1. Das Wesen von Materie und Kraft, 2. der Ursprung der Bewegung, 3. Das Entstehen der Empfindung, 4. die Willensfreiheit, 5. der Ursprung des Lebens, 6. die Zweckmäßigkeit der Lebewesen, 7. die Entstehung des vernünftigen Denkens und der Ursprung der Sprache. Von diesen hält er 5—7 für lösbar, 1—4 für unlösbar, so dass wir ihnen gegenüber nach ihm bekennen müssen: Ignorabimus (= wir werden es nicht wissen).

Wernickesche Region ist der im Schläfenlappen gelegene Teil der Großhirnrinde, der als Sitz der akustischen Vorstellungsbilder der Wörter anzusehen ist, dessen Zerstörung das Verständnis der gehörten Worte aufhebt (zur Worttaubheit führt).

Wesen: 1. logisch: das Ausschlaggebende, der Kern der Sache, 2. metaphysisch: das An-sich der

Dinge, 3. ontologisch: die bleibende, beharrliche Natur eines Dinges, 4. im Allgemeinen: das Einzelding.

wesentlich: zum Wesen gehörig, zum Begriff gehörig, eine Sache bestimmend oder ausmachend, beständiges Merkmal einer Sache seiend.

Widerspruch: Satz des W. (principium contradictionis) s. Denkgesetze.

Wiedererkennen ist ein Vorgang der Apperzeption, der darin besteht, dass ein wahrgenommener Gegenstand als genau übereinstimmend festgestellt wird mit einem früher wahrgenommenen, dessen Vorstellung durch die neue Wahrnehmung reproduziert ist.

Wille nennt man die Fähigkeit, Handlungen ausführen zu können, die bestimmte Erwartungen (Zwecke) erfüllen. Bei jedem Willensakt sind Vorstellungen und Gefühle tätig. Die das Ziel, den Zweck der Handlungen zum Inhalt habenden Vorstellungen heißen Beweggründe (Willensmotive), die diese Vorstellungen begleitenden Gefühle heißen Triebfedern. Für Wundt (1832–1920) und andere psychologen ist W. ein Gattungsbegriff für Willensvorgänge. Danach ist der W. eine Abstraktion, während die Willensvorgänge wirkliche, beobachtbare psychische Vorgänge sind. Nach Wundt ist eine Willenshandlung eine durch einen Affekt vorbereitete und ihn plötzlich beendende Veränderung der Vorstellungs- und Gefühlslage. Der Affekt selbst zusammen mit dieser aus ihm hervorgehenden Endwirkung ist ein Willensvorgang. Schopenhauer (1788 bis 1860) erklärte seiner Metaphysik zuliebe den W. als unbewusstes, blindes Streben; in diesem Sinne machte er den W. zum Weltgrund, Weltprinzip. Der Ausdruck W. wird auch gebraucht für das, was man will, für die Willensmeinung, die Absicht.

Willensfreiheit s. Freiheit, Indeterminismus.

wirklich ist die Eigenschaft von Dingen, die Teil der Natur sind und durch physikalische Gesetzlichkeiten beschrieben werden können.

Wirklichkeit: Gesamtheit aller wirklichen (s. d.) Dinge. Im Unterschied zur Realität (s. d.) braucht die Wirklichkeit nicht unabhängig vom Bewusstsein zu sein.

Wissenschaft ist ein nach Prinzipien aufgebautes System von gleichartigen Erkenntnissen, ein nach bestimmten Gesichtspunkten geordnetes, einheitliches Ganzes von gleichartigen Erkenntnissen nebst deren Begründungen und Verbindungsbegründungen; sie ist das Werk gemeinsamer Arbeit. Die Einzelwissenschaften sondern sich nach Gebieten oder auch nach Standpunkten.

Wissenschaftslehre ist derjenige Teil der theoretischen Philosophie, der Logik und Erkenntnistheorie umfasst.

Wortblindheit ist die trotz unversehrten Gesichtssinnes vorhandene Unfähigkeit, Geschriebenes oder Gedrucktes zu verstehen.

Worttaubheit ist die trotz wohlerhaltenen Hörvermögens vorhandene Unfähigkeit, gehörte Wörter zu verstehen.

Young-Helmholtzsche Farbentheorie s. Farbentheorie.

Zahl ist ein Begriff, durch den wir das Ergebnis einer Synthese (des Zählens) von unterschiedenen, gleichartigen oder gleichartig aufgefassten Einheiten bezeichnen. Das Zählen besteht in einer wiederholten Setzung der Einheit und Verbindung dieser Setzungen zu einem Ganzen. Auf die Beschaffenheit und sonstige Beziehung der unterschiedenen Einheiten kommt es dabei gar nicht an, diese Einheiten gelten nur als vorhanden. Die verschiedenen Zahlarten: positive—negative, ganze—gebrochene, rationale—irrationale, reelle—imaginäre, algebraische—transzendente usw. Z. ergeben sich durch die verschiedenen Rechnungsarten.

Zeit ist nach Kant die Form unserer inneren Anschauung und hat, im Gegensatz zum Raum, nur eine einzige Mannigfaltigkeit. Die Zeit hat nur relativen Sinn, d. h., ein Zeitpunkt muss auf einen andern, zu diesem Zweck (oder ein für allemal) gewählten Nullpunkt der Zeit bezogen werden. Nach der Anschauung der Relativitätstheorie (s. d.) hat die Zeit überhaupt keinen selbstständigen Sinn, sondern nur in Beziehung zum Raum, dessen vierte Dimension sie gewissermaßen ist.

Zeitdilatation: Die Zeitdilatation ist ein Phänomen der Relativitätstheorie. Es besagt, dass eine Uhr, die sich relativ zu einem Beobachter bewegt, aus dessen Sicht langsamer zu laufen scheint, und damit auch die Zeit selbst.

Zelle, Biologie: Die Z. ist die kleinste lebende Einheit aller Organismen. Es ist ein Organismus in seiner einfachsten Gestalt, wie er entweder allein existiert (Protozoen, Protophyten), oder mit anderen zu Kolonien und Zellstaaten zusammentritt (Metazoen, Metaphyten), wobei sich die Komponenten in der verschiedensten Weise differenzieren u. sich zu Geweben u. Organen verbinden. Jede Zelle besteht im wesentlichen aus dem Zellkörper (Zytoplasma) und dem Zellkern (Nucleus). Eine Zellmembran (Zellhaut) gehört nicht notwendig zum Begriff der Zelle; bei den Pflanzenzellen ist sie fast immer vorhanden; hier tritt auch in großer Ausdehnung eine wässerige Flüssigkeit auf, der Zellsaft, welcher den vom Protoplasma (s. d.) umschlossenen Hohlraum ausfüllt; der Zellsaft tritt erst im Laufe der Entwicklung auf: junge Pflanzenzellen sind ganz von Protoplasma erfüllt. Neben dem Kern enthält die Zelle verschiedene Organellen und meistens ein Zentrosom (s. d.), bei den Pflanzen in der Regel auch Farbstoffträger (Chromatophoren, s. d.). Größe und Form der Zellen sind sehr verschieden; die kleinsten Zellen sind die Bakterien und Spermatozoen, die größten die tierischen Eizellen (z. B. das Gelbe des Vogeleies). Die Vermehrung der Zellen erfolgt durch direkte oder indirekte Zellteilung. Als besonders differenzierte Zellen treten im Zellenstaat der Metazoen auf: Epithelzellen, Drüsenzellen, Sinneszellen, Nervenzellen, Nesselzellen, Bindegewebszellen, Knorpelzellen, Knochenzellen, Muskelzellen, Fettzellen, Blutzellen. Geschlechtszellen. – Organisation und Organellen einer typischen eukaryotischen Zelle: 1. Nukleus (chromosomale DNA) 2. Kernhülle 3. Ribosomen (Aufgaben der Proteinsynthese) 4. Vesikel zum Transport von Stoffen 5. Raues Endoplasmatisches Reticulum (ER) trennt Zellprozesse voneinander 6. Golgi-Apparat (Aufgaben des Zellstoffwechsels) 7. Mikrotubuli (u.a. für Bewegungen und Transporte innerhalb der Zelle) 8. Glattes ER 9. Mitochondrien (= Zellorganellen mit eigener Erbsubstanz. Aufgaben zur Zellatmung und Energieversorgung) 10. Chloroplast (fotosynthetisch aktiv bei grünen Pflanzen). Zusätzlich haben Pflanzenzellen noch eine Vakuole als Verdauungsorgan. 11. Zytoplasma (= die Zelle ausfüllende Grundstruktur) 12. Peroxisom (Entgiftungsapparat) 13. Zentriolen (Transport- und Stützaufgaben).

Zentrosom: ein Zellorganell in der Nähe des Zellzentrums, das in den meisten tierischen Zellen die Mitosespindel (Kernteilungsspindel) organisiert.

Zirbeldrüse ist ein Organ des Gehirns. Da sie das einzige unpaarige Organ des Gehirns, in dessen Mitte und geschützt gelegen ist, wurde sie von Descartes (1596—1650) als Sitz der Seele angesehen.

Zufall: 1. objektiv: ursachloses Geschehen, nicht notwendiges Geschehen, 2. subjektiv: unvorhergesehenes, nicht gewolltes Geschehen. Da uns alles Geschehen als verursacht gilt, ist seit Kant (1724—1804) nur die subjektive Auffassung des Z. als eine Betrachtungsweise gültig. Wir sehen ein Ereignis als zufällig an, wenn uns sein Kausalzusammenhang unbekannt ist, oder wenn sein Eintreten nicht unsere Absicht war. 4. Z. nach Cantor (1829-1920): „Zufall ist das Eintreffen eines Tatbestandes, ohne dass vorher Bekanntes ihn notwendig machte".

zufällig: nicht notwendig, unvorhergesehen, nicht gewollt, nicht allgemein.

Zweck ist das, was wir durch eine Handlung erreichen wollen, die Absicht oder das Ziel unseres Handelns. Der Z. ist Beweggrund (Motiv) unseres Handelns, insofern er die

Vorstellung des Begehrten ist; er bestimmt die Ursache (das Mittel), deren Wirkung das Begehrte ist. Um den Z. zu erreichen, ist die Kenntnis des Kausalzusammenhanges erforderlich, d. h. die Kenntnis der Mittel und Wege, die zum gewünschten Ziel führen. Der Z. heißt auch: Zweckursache oder Endursache (causa finalis), da er die Ursache eines Geschehens ist, das zum erstrebten Ziel führt. Die teleologische Weltanschauung nimmt auch in der Natur solche Zweckursachen an, um die zweckmäßigen Einrichtungen in der Natur zu erklären.

Zweifel s. Skepsis.

Zyniker s. Kyniker.

Zytoplasma auch **Cytoplasma**: ausfüllende Grundstruktur aus Zytosol, Organellen und Einschlüssen innerhalb der umschließenden Zellmembran einer Zelle.

Zytosol auch **Cytosol**: die flüssigen Bestandteile des Zytoplasmas der eukaryotischen und prokaryotischen Zellen.

Bände der Reihe
Wissenschaftliche Bibliothek

Band 1: K.-D. Sedlacek,
Äquivalenz von Information und Energie

Band 2: K.-D. Sedlacek,
Supervereinigung

Band 3: K.-D. Sedlacek,
Synthetisches Bewusstsein

Band 4: Kurd Laßwitz,
Vereinbarkeit von Religion und Naturwissenschaft

Band 5: N. Wrobel u. K.-D. Sedlacek,
Leben aus Quantenstaub

Band 6: N. Wrobel u. K.-D. Sedlacek,
Quantenbewusstsein

Band 7: N. Wrobel u. K.-D. Sedlacek,
Was ist Krankheit?

Band 8: C. L. Schleich u. K.-D. Sedlacek (Hrsg.),
Bewusstsein und Unsterblichkeit

Band 9: K.-D. Sedlacek
*Die letzten Ursachen.
Das Buch der Naturerkenntnis*

Band 10: Moritz Schlick u. K.-D. Sedlacek (Hrsg.)
Naturphilosophie

Band 11: Moritz Cantor u. K.-D. Sedlacek (Hrsg.)
Das Gesetz im Zufall

MIX
Papier aus verantwortungsvollen Quellen
Paper from responsible sources
FSC® C105338